基本公共服务均等化研究

◎吴军煜 著

湘潭大学出版社
XIANGTAN UNIVERSITY PRESS

目 录

第一章 概 述

第一节 概念界定

明确界定的概念对于表达研究对象的内涵及其对话范围至关重要,它们不仅是思维与认知的工具,而且构成了科学研究的基础与逻辑起点。公共行政理论作为一种语言,承载着具有实际意义的信息集合,它反映了个体对公共行政实践的思考与表达。我们对公共行政的理解,正是通过诸如公仆、官僚、私营企业等词汇的存在、指代及其内涵来构建和限定的。公共行政和社会科学的研究对象属于心灵产物或文化遗产的客观结构,这些概念具有特定目的,并能产生特定的结果。基本公共服务均等化是中国政治话语体系中的叙事方式,它是中国公共服务政治行为与政策实践的核心概念,既体现了全球的共性,也展现了中国的特色。正如法默尔在其著作《公共行政的语言:官僚制、现代性和后现代性》中所述,美国的公共行政理论实际上代表了典型的美国公共行政学。在中国对基本公共服务均等化实现程度的评价研究中,梳理其指代与内涵是必要的。基本公共服务均等化的认知影响着基本公共服务的政治行为,并塑造了我们对基本公共服务均等化绩效的认知与评价。本书所探讨的核心概念包括基本公共服务、基本公共服务均等化、基本公共服务均等化的实现程度。

一、基本公共服务

社会或集体公共品供给与公共需求的满足,历来是社会活动的重要领域。国外对公共服务的研究起步较早,众多古代哲学家对此表现出浓厚的学术兴趣,并提出了各自的公共服务理念。这些理念从哲学思考到政府财政职能,展现了基本的发展路径。例如,亚当·斯密在其著作《国民财富的性质和原因的研究》中明确提出了“公共产品”的概念、性质,并探讨了这类产品的供给问题,从而区分了公共产品与私人物品。德国财政学派代表人物瓦格纳进一步阐述了基本公共服务是由政府财政支出支持的公共服务概念。随后,福利经济学派将公共服务的研究推向深入,代表人物包括庇古、帕累托和萨缪尔森等,其中萨缪尔森在继承凯恩斯理论的基础上,总结出公共产品的非竞争性和非排他性特征。

此外,众多国外学者对公共服务的概念进行了广泛论述,这些论述涵盖了政治哲学和公共经济学等多个方面。政治哲学观点认为公共服务是国家的义务与责任,应得到财政支出的支持,政府必须积极行动,确保公民能够获得公共服务;公共经济学观点则指出,社会服务应包含具有公民权利性质的公共服务和福利服务,公共选择学派则认为公共服务的生产方式应与公共产品的特征相匹配。在公共管理领域,Lucy从公共服务功能的角度,划分出基本公共服务的范畴,包括“日常性服务、保护性服务、发展性服务和社会最低服务”;新公共管理倡导者强调公共产品的市场化供给,而新公共服务理论则主张在政府行为和公共服务供给中,强调公民权益和公共利益。

基本公共服务是我国民生保障制度建设实践的重要组成部分。国内学者从多个角度对基本公共服务的概念进行了界定,主要存在四种观点:第一种是需求论,认为基本公共服务是保障最低层次需求的公共服务,应覆盖全体公民并满足他们对公共资源的最低需求。第二种是权利论,认为基本公共服务源于公民的基本权利,如生存权、健康权、受教育权等,基本公共服务是对这些权利的保障。第三种是范围论,认为基本公共服务是公益性的,居民在生产、生活中共同享用的具有消费上的非竞争性、效用上的不可分割性以及收益上的非排他性的公共设施和服务。第四种是政府职能论,认为基本公共服务是政府四大职能之一,是在社会共同需求基础上由政府主导提供的公共服务。

基本公共服务的概念为本书勾勒出了其大致轮廓,但要精确界定基本公共服务，还需参考学者们对基本公共服务范围的讨论。常修泽认为基本公共服务的范围包括民生性服务、公共事业、公益基础设施和公共安全等；陈昌盛认为基本公共服务涵盖社会性服务、经济性服务和维持性服务；陈海威则从公民权利的角度界定生存、发展、安全等属于基本公共服务的范围。随着我国基本公共服务体系的建立与均等化规划的实施，基本公共服务的定义与范围也逐步明确。国家发展改革委宏观经济研究院课题组将我国现阶段的基本公共服务范围界定为基本医疗、基本教育、社会救济等方面。

2012年，我国发布《国家基本公共服务体系"十二五"规划》，将基本公共服务确定为基本公共教育、人口和计划生育、公共文化体育等八个方面。2017年，我国发布《"十三五"推进基本公共服务均等化规划》与清单，明确指出"基本公共服务是由政府主导、保障全体公民生存和发展基本需要、与经济社会发展水平相适应的公共服务"。本书认为应采用《"十三五"推进基本公共服务均等化规划》的定义，并将基本公共服务的范围界定为基本公共教育、基本劳动就业创业、基本社会保险、基本医疗卫生、基本社会服务、基本住房保障、基本公共文化体育、残疾人基本公共服务等八个领域。

根据定义，可以总结出基本公共服务的以下特征：第一，基本公共服务具有非排他性与非竞争性的特征，这与公共产品的特征相一致，即基本公共服务应面向公民，强调同质性的服务，实现共享与均等化，这也说明基本公共服务是"一个重要的政治价值取向问题"。第二，基本性的特征，是政府公共服务供给的"最低纲领"与广义"公共服务"的适度"收敛"。这一特征也决定了基本公共服务实质上是财政量力而行的结果。第三，发展性的特征，通过比较"十二五"时期与"十三五"时期的基本公共服务制度框架，可以明显发现人口与计划生育服务等不再是当前强调的基本公共服务，说明基本公共服务具有发展性的特征，随着经济社会的发展而不断调整其服务领域和项目，具有层次渐进性。

综上所述，基本公共服务是本书的核心概念，也是重要的研究对象之一。本书采用国家政策文本对基本公共服务的概念与范围的界定，这一概念既体现了政府职能与财政的政策实践,也突出了对公民权利的保障与公共需求的满足。

二、基本公共服务均等化

均等化概念的探讨建立在本书上一章节的基础之上,其核心在于"均等化"的理念。从字面上理解,"均等"蕴含着"平均"与"平等"的含义,而均等化则是实现均等的过程,亦可静态地理解为均等化的结果,例如"实现均等化"。在对基本公共服务均等化实现程度的评价中,本书将均等化定义为过程与目标的统一,即均等化是一个渐进的过程,旨在实现均等化的长远目标。准确把握基本公共服务均等化的含义是构建评价指标体系的关键,因此,有必要深入分析"基本公共服务均等化"的内涵。

自2005年国务院政府工作报告提出建设服务型政府,并在"十一五"规划中提出"基本公共服务均等化"以来,这一概念便引发了广泛的讨论和阐释,甚至在学术界引起了关于均等化范围和评价标准的争议。正如登哈特对公共利益的定义一样,对基本公共服务均等化的认识存在不同观点,并随着时代的发展、经济社会的进步以及政府能力的增强而不断演变。

学者们从基本权利、机会均等、结果均等以及多个构成要素等不同角度尝试阐释基本公共服务均等化。首先,从基本权利的角度,丁元竹、陈海威等学者认为基本公共服务均等化是指公民享有平等的基本公共服务权利。其次,从机会均等化的视角,常修泽、迟福林等学者认为均等化的核心应是机会均等,即公民通过机会均等化享有大致相同的服务,并在此过程中尊重公民的自由选择权。陈海威进一步指出,均等化的实质是通过结果的平等来实现机会均等。再次,从结果均等的角度,迟福林、张恒龙、贾康等学者强调均等化的结果,认为基本公共服务均等化意味着公民能够享有大致相同水平的基本公共产品。最后,从多个构成要素的角度,陈海威、田侃认为基本公共服务均等化包括起点、过程与结果的公正三个要素。孙庆国则提出应从均等的主体、客体、标准三个要素来理解均等化。

经过十余年的广泛讨论,“基本公共服务均等化”这一概念仍然存在争议,但同时也形成了一些共识。回顾上述学者的观点,尽管均等化在字面上有平均的含义,但均等化绝非简单的平均化。目前学术界的共识是均等化应确保机会均等化,并促进大致均等的供给。国家关于基本公共服务均等化的指导性政策也反映了这一共识,即确保所有公民公平可及地获得大致均等的基本公共服务,其核心在于促进机会均等,重点在于保障人民群众获得基本公共服务的机会,而非简单的平均化。

构建均等化实现程度评价指标体系的目的是准确有效地评估基本公共服务均等化实现的绩效。因此,本书采用这一共识性的定义,认为基本公共服务均等化的主体是全体公民,均等化旨在保障不同地区、不同群体的公民平等享有基本公共服务的权利。均等化的客体是基本公共服务,而非广义上的“公共服务”。现阶段,基本公共服务均等化的客体应以“均等化‘十三五’规划”和国家基本公共服务清单为准。当然,基本公共服务是动态发展的,随着政府财政能力的提升,未来基本公共服务均等化的范围将更广,质量将更优。至于均等化的标准,目前学术界仅达成“大致均等”的共识。本书认为,基本公共服务均等化的结果应超越“大致均等”的模糊与静态,需要将均等化分解为阶段性的明确政策目标,通过实现这些政策目标,逐步实现均等化的长远目标。这亦是基本公共服务均等化实现程度评价视角的基本出发点。

均等化还体现了基本公共服务供给与治理的结果与过程。作为结果,均等化展示了“均等”的价值取向和政策目标,即强调人人享有大致均等的基本公共产品,促进群众对美好生活的追求;作为过程,均等化强调“化”,即均等的实现是一个长期的政策实践过程。

综上所述,基本公共服务均等化是全国范围内的概念,体现了国家责任和对民生的保障。从广度上讲,基本公共服务均等化是国家范围内基本公共服务产品的正义分配;从深度上讲,它应涵盖基本公共教育、基本医疗卫生等八大领域以及国家基本公共服务清单,实现基本公共产品在公民中的大致均等分配，而非简单的平均化。均等化以机会均等为核心，重点在于人民群众享有服务的机会。基本公共服务均等化既是基本公共服务发展治理的结果，也是其渐进过程。

三、基本公共服务均等化实现程度

基本公共服务均等化实现程度是本书最核心的概念。基本公共服务均等化实现程度的概念是对均等化概念认识深入的自然过渡。正如上文谈到，基本公共服务是过程与结果的统一体，而基本公共服务均等化的目标则是阶段目标向远景目标的渐进，是均等化过程向均等目标的推动，是实然向应然的趋近。如“十二五”时期的主要目标是建立基本公共服务体系，到了“十三五”则强调均等化规划，“十四五”将着重实现基本公共服务的高质量发展，走向品质化，并最终在2035年实现基本公共服务均等化的远景目标。

均等化的过程与目标统一于基本公共服务均等化的实现，均等化的实现也将是目标性与进程性的。目标性在于明确基本公共服务均等化的发展目标，包括基本公共产品供给数量与质量，进程性则是在实现既定目标过程中，均等化是通过其实现程度如何得以体现。在这一过程中，基本公共服务均等化既是理念，也是治理目标。作为治理目标而言，均等化将是可以被明确与按照发展阶段进行分割的，目标的实现程度将是一个衡量均等化绩效的绝佳视角与标尺。基于均等化的目标性，本书提出基本公共服务均等化实现程度的概念。

基本公共服务均等化实现程度是衡量基本公共服务均等化阶段性发展程度的概念，表示的是阶段性基本公共服务均等化目标的达成度，即“基本公共服务均等化实际发展程度与设定目标之间的比值”。均等化实现程度指数是均等化实现程度评价指标体系的应用评价结果，介于0—1，比值越高则说明均等化实现程度越高，当测评结果的均等化实现程度指数大于1也将赋值为1，表示完成了现阶段的基本公共服务均等化目标，也避免了均等化评价的绝对差异化。

由此可以看出，基本公共服务均等化实现程度包含均等化实现发展水平与阶段性目标两个基本要素，通过实际发展水平与阶段性目标之比破解了“均等化”的模糊性与测量难题，明晰了均等化评价的参照坐标，实现程度评价从现有的“绝对差异”评价走向目标相对实现的评价，体现了“相对均衡”，破解了现有均等化研究中评价工具的“绝对差异”倾向。

基本公共服务均等化实现程度评价还具有政策工具性，将“均等化”这一政治理念转化为公共管理的管理问题。基本公共服务均等化实现程度评价将成为评价我国均等化实现得如何的重要工具，将监测均等化政策实施全过程，将均等化政策群实施的过程管理与监测，发现区域差异与结构性短板，为国家及时进行政策调适提供决策参考。

第二节 理论基础

研究的开展必须依托于理论基础，以引导核心问题的价值取向，并为问题分析提供框架工具。因此，构建均等化实现程度评价视角与指标体系，亦需明确理论定位与分析工具。目前，关于基本公共服务均等化的研究成果不断涌现。本书认为，基本公共服务均等化实现程度评价的核心要素包括过程评价视角、均等化公平正义的价值取向以及政府绩效评价的基本理论与规范。基于此，本书所依赖的主要理论基础既包括了基于中国公共服务实践与政府管理创新的服务型政府理论，也涵盖了公共行政学经典的一般管理理论、公平理论和政府绩效评估理论等。

一、服务型政府理论

“服务型政府”这一概念，是中国学者针对二十一世纪国内外形势变化及中国政府管理模式的实践创新所提出的具有标志性的新理念。基本公共服务均等化，作为一个具有中国特色的实践概念，既强调了人人享有的公平正义的价值理性，也考虑了职能与制度体系的工具理性。基本公共服务均等化这一概念最早可追溯至2005年10月党的十六届五中全会。2006年10月,党的十六届六中全会将实现“均等化”作为建设服务型政府的重要内容。由此可见,这两个概念的提出具有相似的时代背景。服务型政府理论在理论与实践中指导了基本公共服务均等化政策的实践与研究,成为分析、认识、评价均等化实现程度的本土理论工具。此外,从实现程度的角度研究均等化实现的绩效,也进一步丰富了服务型政府理论的内涵。

(一)服务型政府理论的主要观点

“服务型政府”这一概念与理论,具有鲜明的中国特色。有学者指出,服务型政府理论是对西方新公共服务理论的进一步发展与应用。追溯至1998年,张康之提出的“服务行政模式”被视为服务型政府理论的起源,这一理论的提出时间早于新公共服务理论的代表作 *The new public service: serving, not steering* 的出版,且在新公共服务理论的核心文献中尚未出现服务型政府的相关内容。新公共服务理论亦被认为“并非构想一种全新的政府模式,充其量仅是管理型政府理论发展的一个新阶段”。因此,普遍认为服务型政府理论是中国公共行政学发展的标志性概念与理论,是“具有强烈中国特色的专用名词”。当然,两种理论之间存在相互学习与借鉴的事实亦不容忽视。

服务型政府理论亦受到二十世纪九十年代行政法学“服务行政”的影响,例如崔卓兰、陈泉生等学者认为服务行政是政府良好管理行为的体现。此外,中国公共行政学界亦曾使用“服务行政”这一概念,如张成福、党秀云指出“管制行政”阻碍了市场经济的发展,并与“服务行政”存在冲突,中国公共行政现代化的主要目标取向是建立市场化或亲市场的政府行政。张康之教授提出社会行政发展经历了统治行政、管理行政到服务行政的过程,并进一步提出了“服务行政模式”的概念。随后,在讨论现代政府规模的文献中,张康之教授再次明确提出了服务型政府的概念,即为人民服务的政府,服务被视为一种基本理念和价值追求,政府定位为服务者的角色,将为社会、为公众服务作为政府存在、运行和发展的基本宗旨。综上所述,服务型政府被视为政府行政模式的整体革新,标志着服务型政府理论的正式初创。

进入二十一世纪,我国政府行政改革的步伐不断加快,党的十六大报告首次明确提出了“加快行政管理体制改革,建设服务型政府”,随后的国务院政府工作报告中也多次提及服务型政府的行政改革目标。进入新时代,习近平总书记从社会主要矛盾发生转变的历史背景出发,提出要“转变政府职能,深化简政放权,创新监管方式,增强政府公信力和执行力,建设人民满意的服务型政府”。源于中国本土并体现中国智慧的服务型政府理论研究也掀起了热潮,产生了“公共服务型政府”“积极服务型政府”等类似概念,围绕大部制与行政体制改革、政府流程再造、基本公共服务体系建设、服务型政府绩效等主题展开了大量的研究。

尽管现有服务型政府理论的研究存在系统性有待加强的问题,这恰恰说明服务型政府理论正处于蓬勃发展之中。学界对服务型政府理论形成了一些共识,成为服务型政府理论的主要主张。概括起来,服务型政府理论的主要观点包括以下几个方面:

第一,以民为本、为民服务是服务型政府的基本内涵特征。张康之教授给出了服务型政府即为人民服务政府的经典定义,而刘熙瑞、吴玉宗、丁煌、姜晓萍等学者则进一步将服务型政府细化为以民意与公共需求为基础,为民服务的负责任政府。尽管这些学者的定义存在差异,但已反映出服务型政府的核心内核,即以民为本、为民服务。后续学者在进一步讨论中指出,民主法治是服务型政府建设的重要保障,既能约束政府,也能畅通民意,保证服务型政府的“本质民主性”。在为民服务的过程中,服务型政府也是积极有为的政府,通过改革与服务供给,积极满足公共需要。

第二,公共服务导向是服务型政府的价值理性。与统治型、管理型政府行政模式不同,服务型政府强调公民权利与社会本位,政府扮演着服务公民与社会的角色,意味着政府活动有明确的边界与指向,履行法定职权。在强调公共服务供给和价值实现的行政模式中,满足社会需求是服务型政府的行动起点,人民满意则是其服务目标。这一过程也需要变革政府与公民、社会的关系,借鉴西方“有限政府”的优点,以服务导向代替刚性行政管制。

第三,“有效”“有为”是服务型政府的绩效目标。要实现以公共服务为导向为民服务的政府,服务型政府需要做到“有效”“有为”。服务型政府理论主张建设有效的政府,注重政府机构设置、行政决策与执行的有效性,主张通过行政体制改革以适应外部不断变化的公共事务,例如大部制,机构新设、合并、裁撤等;注重内外部资源合作的有效性,服务型政府理论主张通过合作治理实现资源的优化配置,形成内部财政资源、社会资源、公共参与的多元结构与要素的治理网络,以治理不断变化的公共需求与事务。有为政府也是这一理论的绩效主张,在吸收西方有限政府的优点基础上,认为有限不代表政府无为,有为政府恰恰是中国的公共行政传统,服务型政府认为应积极作为,不断进行职能与机构改革,扩大公共服务职能与范围,不错位也不缺位,从而适应公共需求与社会发展。此外,服务型政府也强调绩效评估与反馈,主张以公共服务职能与效果为评估对象,从而发现问题、改进绩效,做到有效、有为的政府。

第四,改革与创新并进是服务型政府的实现路径。服务型政府理论不仅描绘了为民服务、有效有为的政府理想图景,还形成了以改革创新并举的实现路径。服务型政府理论主张科学发展观,根据外部环境变化与社会特征进行行政管理体制改革,理顺府际关系,优化行政机构设置,以大部门制面向综合治理,通过机构的新设、裁撤、合并适应职能变迁;服务型政府理论主张进行政府职能改革,提出要建立公共财政体制与完善公共服务体系,减少行政干预,以服务代替管制,优化发展环境,实现公共服务效能,满足治理现代化的需要。服务型政府主张政府创新,认为应根据外部环境与公共事务的变化创新政府行政手段与方式,通过市场化工具、行政审批改革、流程再造、行政服务中心建设、新技术等创新方式,提高服务型政府绩效。

(二)服务型政府理论的适用性

服务型政府理论与基本公共服务均等化概念均根植于具有中国特色的本土理论与概念体系,二者的发展背景颇为相似。在复杂风险社会的背景下,政府行政催生了服务型政府理论,并要求构建以服务为导向的基本公共服务体系。服务型政府理论吸收了基本公共服务均等化理论研究与政策实践的成果,并在均等化相关研究中展现了其强大的解释力和适用性。

多数学者视服务型政府理论为研究基本公共服务均等化的有力工具。首先,从内涵上分析,服务型政府理论的价值内涵与基本公共服务均等化的价值取向高度一致,均强调公共服务的供给以及供给的公正性和质量。服务型政府通过有效的制度安排,引入市场与社会力量,构建公共服务的有效供给机制,旨在公正、透明、高效地为公众和社会提供优质的公共产品和服务。当前,基本公共服务均等化强调每个人都能享有高品质的基本公共服务。有学者明确指出,完善公共服务体系是服务型政府的核心任务。因此,在相同的价值导向下,服务型政府理论的公共服务导向成为解释和推动基本公共服务均等化的有力理论工具。

其次,服务型政府理论的多个理论观点直接关联到基本公共服务均等化,为均等化实现程度的评价视角构建与指标选取研究提供了直接指导。服务型政府强调政府服务职能的强化,并指出提供普惠、均等的基本公共服务是服务型政府的法定义务。有学者提出,其基本要求是推进基本公共服务均等化,并需要通过公共财政体制改革,以适应公共服务体系的建设。由此可见,服务型政府理论从职能、要求、改革等多个维度直接指导着基本公共服务均等化的研究。

综上所述,本书认为,服务型政府理论不仅强调了基本公共服务均等化的重要性,而且从职能、改革、财政保障等多个方面直接提出了实现基本公共服务均等化的理论观点。基于此,开展基本公共服务均等化研究以及均等化实现程度评价指标体系的研究是切实可行且适用的。

(三)服务型政府理论的指导作用

服务型政府理论既反映了我国基本公共服务均等化的实际,也指导着基本公共服务均等化的相关研究,并取得了共识性的认识与成果。对于基本公共服务均等化实现程度评价指标体系构建与应用研究的具体指导作用如下：

首先，服务型政府理论倡导行政管理体制改革，强调了构建科学合理的公共服务均等化评价指标体系的重要性。在构建该评价体系的过程中，必须体现新时代公共服务均等化供给与高质量发展的要求，转变以往以结果和绝对平均化为导向的评价视角与方法。应从实现过程的角度出发，构建反映阶段性均等化目标相对实现程度的评价指标体系。在选取指标时，应突出公共服务高质量发展的需求，优化指标选取，探索持续提升服务型政府绩效管理体制的均等化实现程度。

其次，服务型政府理论强调以民为本、为民服务的核心理念，要求建立以人民为中心的公共服务均等化评价指标体系。为人民服务是服务型政府的根本宗旨，因此评价指标体系的构建应体现以人为本的原则。指标体系的构建应从“绩效导向”转变为“民生导向”，在指标选取上注重评估政府的基本公共服务意识与服务能力，贯彻公共服务以人为本、共建共享的理念。所选指标应凸显民本与共享的特征，衡量基本公共服务普及的程度，并真实反映人民群众的感知与满意度。

最后，服务型政府理论指出，满足群众的公共需求是公共服务的出发点，而人民满意则是服务的目标。因此，我们应基于群众需求，选择能够连接需求与供给的指标，以体现评价指标的公共价值导向。高质量的服务型政府即是以人民满意为服务目标的政府。基本公共服务应以群众需求为导向，以人民满意为目标。在选取均等化实现程度的指标体系时，应重视公众需求调查，掌握公共需求的优先顺序，并与供给项目进行公共价值的匹配，识别反映群众需求的关键指标。同时，应关注群众的满意度和获得感，以反映基本公共服务均等化的整体绩效。鉴于服务型政府亦是公众参与的政府，基本公共服务均等化实现程度评价指标体系中吸纳公众需求，有利于发挥公众参与的优势，进而提升基本公共服务均等化的实现程度。

二、公平理论

基本公共服务均等化指的是国家在分配基本公共产品以满足公民基本生活需求的过程中,旨在实现分配的公平性。公平性是公共行政领域核心价值之一。乔治·弗雷德里克森在其著作《新公共行政》中阐述,公务员肩负着建立和维护公平标准与评估体系的职责,并应认识到公共服务对公民尊严与福祉的影响。弗雷德里克森进一步强调,公共行政并非中立,其评价不应仅限于效率标准,而应同样考虑公平、平等和回应性等原则。登哈特亦提出,公共服务的核心在于共同的公共利益,而公平的分配过程则为其赋予了道德属性。在我国,基本公共服务均等化是实现以人民为中心、共享发展成果的社会主义公平正义的实践。因此,在评价基本公共服务均等化时,必须选择一种体现公平价值观念与行动伦理的方法。基于此,本书采纳了在均等化研究领域广泛认可的约翰·罗尔斯的公平正义理论和马克思主义公平理论作为理论支撑。

(一)公平理论的主要观点

1.罗尔斯公平正义理论

公平是个复杂问题,被认为是政治的基础价值。古哲先贤们对公平的讨论源远流长,中国古代儒家就有“不患寡而患不均”的观点,西方从古希腊开始的苏格拉底、柏拉图、亚里士多德也讨论了公平与正义。近代的卢梭、洛克等则从社会契约的角度讨论了政府的公平正义,成为公平正义相关理论的重要基石。在公平正义为基础价值政治哲学影响下,政治经济学理论也主张国家公共产品的公平分配是公民自然之权利,例如公共财政学说指出,公共财政的本质就是公共性,公共财政的目的是为国家公民提供平等的公共服务;福利经济学讨论了平等分配的公共服务如何促进社会经济福利的增长等。

在对古典正义观功利主义和福利经济学相关观点批评的基础上,作为后现代主义思想的代表之一的罗尔斯公平正义理论,更加深入系统地讨论了作为公平的正义。罗尔斯对公平正义的理论阐述被认为是二十世纪西方政治哲学的里程碑事件,因此,罗尔斯公平正义理论引起了广泛的关注和讨论,也深刻影响了我国基本公共服务均等化的理论阐释。罗尔斯于1971年出版了《正义论》一书,系统地阐述了公平的正义原则、理论观点,2000年出版的《作为公平的正义》一书则对前一书中提出的一些原则、理论观点进行了修正、补充和重新表述。罗尔斯公平正义理论的观点主要集中在这两本著作之中,与本书相关的主要观点如下:

罗尔斯在反思西方古典正义和功利主义正义观的基础上,阐述作为公平的正义。古典正义观认为,实现资源配置最优的制度安排是实现社会正义的基础,这样的制度也才能实现最大的社会均衡和满意,正如边沁阐述的功利原理所言"功利原理它按照看来势必增大或减小利益有关者之幸福的倾向,亦即促进或妨碍此种幸福的倾向,来赞成或非难任何一项行动"。这种古典的正义观带有浓厚的功利主义色彩,强调社会的整体的满意,忽略了个体或某一群体的满意。对个体或某一群体的漠视,实质上是对该个体或群体的非公平正义。因此,罗尔斯对功利主义正义观进行了批评和反思。他认为,社会的制度安排不应以功利主义为原则,而应以正义为原则。在这样的反思基础之上,在罗尔斯看来,公平正义应优于效率。可以认为,罗尔斯将正义阐述为合理的基本社会制度的构建,这一制度规定公民的基本权利和义务,并对公共生活所产生的利益进行正义的分配。

何为正义的社会制度是罗尔斯给予本书启发另一个核心观点。罗尔斯公平正义理论指出,社会的基本结构的正义是首要的正义。所谓社会的基本结构就是确定基本权利和义务的社会分配方式。罗尔斯认为,与功利主义对个体或某些群体利益的忽略不同,正义应保障人民的平等自由、分配和成功的机会平等,这样的制度安排才是正义的。

如何设计分配正义的社会制度是罗尔斯给予本书启发的第三个核心观点。罗尔斯公平正义理论假定了"无知之幕"的概念,指出原始状态的人们订立社会契约的时候并不是为了选择具体的社会制度安排,而是为了社会的基本结构的正义。在无知之举之下,每个人为了避免在制度安排中受到非公平待遇,会倾向于选择公正地制定社会制度的规则。这个规则就是用于指导建立社会基本结构的正义观,即社会所有的基本善,包括自由与机会、收入与财富等,都应平等地分配,除非某一种基本善的非平等分配符合每一个人的利益。由此,罗尔斯提出了正义理论的两大原则:第一个原则即平等自由原则,即每个人都有平等拥有最广泛平等的权利义务体系。第二个原则即正义优先于效率和福利原则,社会和经济无法避免的不平等应这样安排:(1)差别原则,即正义的制度应有利于社会最弱势群体的最大利益;(2)从属于社会公平平等条件下的职位和地位应在公平平等条件下向社会所有成员开放。罗尔斯公平正义理论的第一个原则适用于基本权利和义务的平等分配,第二个原则适用于非平等社会制度的利益调节,从而保障每个人都能从社会基本正义所允许的非平等中获益,建立经济和社会的平等。

2.马克思主义的公平理论

基本公共服务均等化关乎社会基本公平正义,我国基本公共服务均等化也是马克思主义公平理论的生动实践。尽管马克思没有直接提到基本公共服务,但社会公平的理论以及马克思主义中国化的成果都对基本公共服务均等化的研究具有无可比拟的指导性。马克思主义公平理论不但指导了我国基本公共服务均等化实践与研究,在均等化的过程中,马克思主义中国化成果也不断发展和丰富。

在马克思主义的经典著作中,对社会公平的追求无处不在,旨在打破束缚,实现无产阶级革命,并最终达成人的全面发展以及社会的公平正义,这是马克思、恩格斯以及马克思主义政党的终身追求。恩格斯曾明确指出,平等的观念是历史发展的产物,其形成依赖于特定的历史条件,而这些条件又建立在过往历史的长期发展基础之上。因此,这种平等观念绝非永恒不变的真理。为了实现这一平等理念,必须构建与生产力水平相匹配的社会制度。当一种生产方式处于上升阶段时,那些在与之相适应的分配体系中未得到公正对待的个体,也会逐渐接受这一制度。正是在对资本主义社会不平等和不公平现象的深刻反思中,马克思主义孕育出了关于社会公平的理论观点,这些观点包括:

第一,公平是具有历史性和阶级性。马克思主义公平理论认为不同时代背景和阶级会对公平产生符合当时情景和阶级特性的理解。因此,公平的前提是特定的历史和阶级条件,不存在超越历史条件和阶级的绝对公平。

第二,公平应以人为本。人在社会生产和生产力发展过程中起着决定性作用,同时人又是主观能动的,因此社会的公平程度深刻影响着人生产力发挥和社会生产力的发展,所以公平应以人为本。第三,经济基础决定上层建筑,生产力发展是公平的决定性力量,这也是历史唯物主义的基本观点。

马克思主义中国化的理论成果中也闪耀着公平正义的观点。我国是人民民主专政的社会主义国家,毛泽东思想直接指出中国共产党的宗旨就是全心全意为人民服务,中国共产党就是实现社会公平正义的领导力量。邓小平理论提出“共同富裕”的思想:社会主义的目的就是要全国人民共同富裕,不是两极分化。邓小平理论还指出,在改革中,我们始终坚持两个根本原则,一是以社会主义公有制经济为主体,二是共同富裕。

邓小平还提出“三个有利于”,将改革发展的标准确定为生产力发展、综合国力增强和人民幸福。“三个代表”重要思想则直接指出中国共产党“始终代表中国最广大人民的根本利益”,反映了我国党和政府政策制定与实施需要具有广泛代表性,最广泛的代表性就需要实现社会公平正义。科学发展观进一步提出“以人为本”“统筹兼顾”的发展思想,在发展过程中,应全面统筹兼顾,促进公平正义。在科学发展观的指导下,党和国家鲜明地提出要实现城乡基本公共服务均等化。党的十八大以来,习近平新时代中国特色社会主义思想先后提出“以人民为中心”“共享发展理念”“精准扶贫、全面脱贫”等观点。这一系列思想提出基本公共服务均等化是中国梦的应有之义,乡村振兴过程中公共服务要向乡村倾斜,共享发展理念直接提出“共享是中国特色社会主义的本质要求”的新论断，按照人人参与、人人尽力、人人享有的要求，注重机会公平，实现惠及全体人民的全面小康。精准扶贫则是中国共产党人对公平一个都不能少的又一次生动实践与理论提炼，我国于2020年底实现了国家贫困县的全面摘帽，并提出要建立解决相对贫困的长效机制，进一步实现社会公平正义。

（二）公平理论的适用性

本书对公平的引述主要包括罗尔斯公平正义理论和马克思主义公平理论。公平理论往往是较为抽象的政治哲学范畴，特别是罗尔斯对作为公平的正义的阐述，与公共管理的理论与实践存在一定的区别，但是基本公共服务均等化的核心价值就是实现基本公共产品分配的公平。

理论上，公平理论是我国基本公共服务均等化研究的主要理论基础之一。公平理论即有罗尔斯对社会正义结构的原则阐述，也有马克思主义对公平社会的构想和马克思主义中国化对中国特色社会主义建设社会公平正义的理论提炼。这与基本公共服务均等化的追求公平正义的核心价值相契合。基本公共服务均等化追求是基本公共服务的分配公平，罗尔斯公平正义理论则提出了实现分配正义的原则，有综述提出，罗尔斯公平正义理论也成为我国基本公共服务均等化研究的主要理论依据之一。马克思主义公平观更是从历史唯物主义的角度阐释公平。因此，公平理论对于如何认识和理解基本公共服务均等化的内涵具有强大的解释意义。也只有解决认识何为基本公共服务均等化的理论问题，才能准确把握均等化的内涵，构建准确、有效的评价视角。

实践上，我国基本公共服务均等化政策实践与公平理论的主要观点相统一。公平理论特别是马克思主义公平理论的中国化成果来源于中国公平正义实践，并指导中国基本公共服务均等化与社会公平的建设。沃尔多曾指出，不仅行政问题内在充满着价值因素，而且行政本身也必须与民主原则保持一致。登哈特在评价这一观点时写道，行政国家包含着一条很强大的信息,行政是一个社会问题,而不仅仅是一个行政管理问题。均等化的实现作为一个行政与政策过程,行政的本身也必然服务于均等化的实现,我国党和政府始终坚持全面均衡发展的理念,缩小城乡差距,促进基本公共服务均等化。从提出基本公共服务均等化到建立基本公共服务体系及其均等化规划,我国基本公共服务正迈向高质量发展的新阶段,公平的理念在保障机会公平的基本公共服务制度体系、缩小差距的供给体系等方面得到彰显。在公平理论的基础上进行基本公共服务实现程度的评价具有理论与实践相统一的重要意义。

综上,基本公共服务均等化作为公共服务绩效的一种,也作为中国特色的政治学概念,均等化的底色就是公平。本书所选取的理论基础中,既有西方的公平正义理论,也有公平的中国话语与理论,在此基础上进行基本公共服务均等化实现程度评价研究是可行的。

(三)公平理论的指导作用

罗尔斯公平正义理论与马克思主义公平理论既是内涵丰富的政治学与公共管理学理论基础,也深刻影响着人类对追求社会公平的实践。这些理论在过往人类公共生活中发挥了巨大作用,对于基本公共服务均等化实现程度评价指标体系的研究同样意义重大。

第一,公平理论提示我们定义与测量基本公共服务均等化关键是从过程中考察最弱势群体是否享有不低于一定标准的基本公共产品。如何定义与测量基本公共服务均等化一直备受学界争议,虽然学界对基本公共服务均等化是非简单平均、缩小城乡差距等认知共识,但是要界定、评价清楚基本公共服务均等化就犹如界定“公平”的概念一般,具有非常大的争议。罗尔斯在公平正义理论中提出无可避免的非平等和差别原则,以此对应功利主义中效率的原则。在罗尔斯看来,应最大程度地增加最弱势群体的福利,由此社会整体福利水平也才会提高,这也意味着对无可避免的非公平进行补偿。

这些观点能够从另一种角度启发对基本公共服务均等化的认知,即在均等化的实现过程去认识、评价均等化，而不是局限于均等化的结果或状态。基本公共服务均等化是非简单平均的定义存在着不可能实现绝对的平均化的隐喻，评价均等化的关键在于非简单平均的均等化该如何测量。既然基本公共产品分配必然存在非平等，那么根据罗尔斯正义理论的差别原则，要实现公平的正义，关键在于增加最弱势群体的福利。在基本公共服务的语境中，应保障最弱势群体享有不低于一定标准的基本公共产品，并且这一标准在马克思主义公平理论看来应是历史性的，均等化随着政府财政承载能力的发展不断自我革新，对象和范围不断变迁，关键是底线公平程度不断提升。因此，在基本公共服务均等化实现程度评价中，应构建突出最弱势群体享有一定标准的基本公共服务，即强调保障底线公平的评价工具，从过程的视角评价基本公共服务均等化的实现。

第二，公平理论提示我们应将基本公共服务均等化的制度制定与人的感知纳入评价范畴。以往的基本公共服务均等化评价往往是对均等化政策结果的评价，包括基本公共服务的投入与产出、效率与绩效等，属于产出与结果的范畴。罗尔斯公平正义理论强调社会正义的基本结构，即符合两大正义原则的主要社会制度。罗尔斯承认每个人拥有的自然禀赋和资源禀赋是非平等的，因此需要基于正义原则的社会制度进行调节这种不平等。马克思主义公平理论也强调公平是社会制度的核心价值，是经济基础的反映，并最终实现人的自由全面发展。因此，在评价基本公共服务均等化的过程中，应有系统的理解，不仅限于结果与产出，也应将制度建设与政策感知纳入评价范畴，实现对均等化更为系统的理解。

第三，公平理论凸显了基本公共服务均等化实现程度评价指标体系指标选取应遵循的公平正义的价值。基本公共服务是公民权利与国家责任的范畴，不仅体现着公共经济思维，更是政治思维的产物。在我国基本公共服务均等化实现过程中，不仅受到公义理论的影响，也产出了中国话语与理论成果。因此，要评价基本公共服务均等化实现程度，必然离不开公平的价值观念与精神内核，在指标选取和评价方法设计过程中，都应体现本书所选取的公平理论中以人为本、公平正义、差别原则、人的自由全面发展等理念。

三、政府绩效评估理论

政府绩效在公共管理研究与实践中都备受关注。绩效是个体或组织的行为与结果表现，政府绩效是绩效的一种具体类型，伴随政府行为而存在，在官员任用、民主选举、政权更迭等政治行为被人们所关注、讨论。简而言之，政府绩效是“政府做了什么事情、取得了什么效用的总和”，具体表现形式包括数量与质量、成本与收益等。现代意义上的政府绩效研究源于国外，特别是美国、英国等发达国家与地区，并产生了较多理论性的成果。基本公共服务均等化实现程度评价是对均等化实现得如何的测度，属于政府职能绩效的范畴。因此，有必要以政府绩效评价理论为基础，对基本公共服务均等化实现程度评价进行分析。

（一）政府绩效评估理论的主要观点

政府绩效评估理论是关于认识政府绩效、评估政府绩效的理论群。政府绩效评估源于传统的政绩考核。绩效评估有助于建立和实现绩效目标，实现资源优化配置。对政府绩效的研究得益于新公共管理运动，并借鉴了私营部门绩效管理的方法和理论。就本书而言，政府绩效评估理论是主流公共管理理论对均等化实现绩效的启示，是各个主要理论的绩效观点集合，是一个理论群，而不是字面上狭义的政府绩效评估理论。其中新公共管理理论、新公共服务理论、公共价值理论为如何认识政府绩效提供了理论工具，绩效管理理论则为如何进行政府绩效评估、特别是指标设计提供了指导。本书简明扼要地介绍它们与政府绩效评估和基本公共服务均等化实现程度评价相关的理论与观点。

1.新公共管理理论关于政府绩效评估的观点

二十世纪七八十年代，随着传统福利国家的社会弊病与国家负担不断加重，当时西方政府的主要行政模式面临挑战，社会经济发展面临“滞涨危机”和能源危机，相关国家的财政困难重重。人们开始反思传统福利国家模式下的政府行政，发现了财政压力、政府规模庞大、人事相异、政府无法满足社会多样化需求、行政僵化的官僚作风和效率低下等问题，然而传统的行政模式并不能克服这些弊病，这一背景促生了政府改革，也实现了政府绩效观念的变革。这场声势浩大的政府改革运动也被称为政府再造或新公共管理运动。

这一过程中新公共管理理论也逐渐勃兴。其中，最具代表性的就是英国学者胡德 (C.C.Hood)教授总结出新公共管理“NPM，New Public Management”的观点，此外还产生了如“企业型政府”“以市场为基础的公共行政学”“后官僚制模式”等学术观点。经过多年的发展，新公共管理理论不断充实丰富，与政府绩效相关的代表性如下：

胡德教授旗帜鲜明地提出“新公共管理”，并清晰地描述了新公共管理的内涵与特征，主要包括七个方面：(1)迈向职业化的公共管理；(2)建立政府公共服务标准并进行绩效测量；(3)控制行政投入重视产出；(4)倡导扁平化与网络化的行政组织；(5)在公共服务引入开放、竞争与合作的供给关系；(6)学习私营部门的管理与组织价值；(7)在政府部门中推行严谨与节约的工作理念。

奥斯本和盖布勒为当时的行政弊病开出了十张处方，在这一书中系统地概括了新公共管理的主要内容。这十大原则包括：(1)起催化作用的政府：掌舵而不是划桨；(2)社区拥有的政府：授权而不是服务；(3)竞争型政府：把竞争机制注入提供服务中去；(4)有使命感的政府：改变照章办事的组织；(5)讲究效果的政府：按效果而不是投入拨款；(6)受顾客驱使的政府：满足顾客的需要而不是官僚政治的需要；(7)有事业心的政府：有收益而不浪费；(8)有预见的政府：预防而不是治疗；(9)分权的政府：从等级制到参与和协作；(10)以市场为导向的政府：通过市场力量进行变革。

新公共管理理论也形成了一系列政府绩效的观点。在绩效产生主体上，新公共管理理论强调引入市场化竞争，政府不再垄断公共服务，作为合作伙伴的企业和NGO也是重要参与者,民营化与公私合作成为公共服务的新趋势。在此背景下,公共管理绩效从政府单独产出走向多元主体共同生产。在绩效标准中,新公共管理绩效强调"3E标准"的价值取向,即"经济""效率""效益",其中"效益"被认为是最重要的绩效标准之一。正如梅戈特认为,强调效益有助于帮助政府解决最重初想解决的问题,有时对效益地强调对解决问题而言比效率、公平更为重要,效益应成为公共管理学重要的价值观之一。此外,英国学者温森特·怀特认为新公共管理政府绩效是一种管理主义的绩效,他认为绩效应强调效率性,建立清晰的标准并进行评估;绩效应注重结果而不是程序或过程;注重绩效的经济价值;积极回应公共服务消费者的需要而不是公民的需要等。罗西瑙受到企业管理的启发,认为绩效应以政策而不是管制为中心;应重视提高效率的绩效评价;公共组织可以是提供有价服务的准市场机构;推行竞争原则;重视目标、产出以及公务员激励机制等。

综上所述,新公共管理关于政府绩效的理论与实践是市场导向的,在奥斯特罗姆看来,新公共管理在公共部门中引入了委托代理理论、交易成本理论和公共选择理论。新公共管理革新了传统官僚体制,强调任务驱动、绩效考核、最优决策。新公共管理理论为政府带来新的行政理念的同时也强调对绩效的关注,其中对公共服务效益尤为重视。新公共管理诸多绩效观点主要借鉴于经济学或企业管理理论,正如波立特提到的那样,新公共管理继承了古典的科学管理主义,引入了企业管理、行为学等现代企业管理的方式或方法,并将其运用于公共部门。也由此形成了公民是"顾客"的理念,因此在新公共管理绩效观中,有人认为过于强调效率、效益将导致公共利益受损,削弱公共部门的行政责任或政府公共服务的公共性。

2.新公共服务理论关于政府绩效评估的观点

正如上文提到,新公共管理理论过于强调效率、效益导致了一定程度的行政责任和公共性的受损,学界开始了对新公共管理的反思。登哈特等鲜明指出,政府服务于公民而不是顾客。根据登哈特夫妇的总结,新公共服务理论的核心主旨主要包括七个方面:(1)服务于公民而不是顾客:与政府互动的是公民而不是顾客,政府应为公民提供便利、可靠性、保障的、公正的性质的高品质服务。(2)追求公共利益:公共利益是公共服务的主要目标而不是副产品,公务员应秉持公共利益的理念,创造共同的利益和责任。(3)重视公民权胜过重视企业家精神:致力于公共生活的公务员和公民比企业家精神更能实现公共利益。(4)思考要有战略性,行动要有民主性:通过公民参与和社区建设,实现集体合作机制,实施满足公民需求的公共服务。(5)承认责任并不简单:政府与公务员不仅需要关注市场,还应承担宪法与法律、整治规范、社区价值观以及公共利益等责任。(6)服务而不是掌舵:对于政府来说,应保障公民权,利用基于价值的共同领导协助公民表达公共利益需求,提供服务增进公共利益,而不是控制和掌握社会发展方向。(7)重视人而不只重视生产率:政府部门及其行动网络在行动与服务过程中尊重公民权利与公共服务理想,实现公民参与和包容,这样更可能取得成功。

从这些主张可以看出,新公共服务既是一种新的公共行政指南,也代表了一种新的价值理念,包括公民权、公共精神、公共服务与公共利益等。就政府绩效而言,与传统公共行政学理论特别是新公共管理理论不同,新公共服务理论重视公民、重视公民权,倡导公民参与创造公共利益,是一种民主、参与、公共利益为核心的绩效观。其次,新公共服务理论以实现公共利益为绩效价值定位,提倡政府责任和公共参与,在公共精神的影响下,共同创造公共利益。第三,新公共服务理论指出,要实现绩效就需要实现政府行政与治理的系统改革,政府的重心是服务而不是掌舵,政府还有责任协助和领导公民公共参与和公共利益表达,在合作、参与中实现公共利益。

3.公共价值理论关于政府绩效评估的观点

政府合法性来自政府绩效,随着社会经济的发展和思潮的多元化,传统"政府绩效"建立的合法性开始受到质疑,人们开始思考政府绩效中公共价值的问题。诸多公共价值的讨论中，哈佛大学肯尼迪政府管理学院马克·穆尔教授在二十世纪末的系列研究中提出公共价值理论是其中的代表性观点之一，也成为当前政府绩效评估的基础理论之一。

公共价值理论认为，公共部门在公共管理过程中，对公共资源的使用需要发挥它们的最大效用，使得公共资源的投入大于公共服务的产出，即产出的公共服务具有一定价值并被公民所选择。不同社会文化与政治背景的人对价值的取向具有较大的差异性，因此公民选择公共服务的过程需要广泛的参与和协商。马克·穆尔指出，政府开展行政的最终目的是为社会创造公共价值。公共价值源于公民的公共需求、期望和感知，公共价值是公民对政府期望的集合，是政府部门等公共机构满足公共需求时所产生的成就、效用和社会收益。公共价值是核心是公共利益的实现，公共价值，就是预期的行动或计划从整体上说将为公共利益服务。

公共价值理论认为，公共价值就是政府与公民协商认定的共同偏好的实现，因此公共价值不仅是公共资源收益的产生，更重要的是创造公共价值的过程。这一过程实质上是政府认为的重要的公共服务供给与公众认为的重要的需求之间连接，通过协商达成共识，公共价值的产生关键在于公众的感知和判断。政府供给的服务与公众的需求相匹配，这样的公共服务产出绩效即赋予了政府合法性。政府根据公众需要提供的公共服务，就是公共价值所在。

公共价值理论也引起了中国公共管理学界的广泛讨论。包国宪认为，公共价值的绩效观回答了人们需要什么样的政府的问题，在公共价值的指引下，政府的合法性基础是根基于社会的绩效，政府应实现公共价值绩效，并致力于绩效的可持续提升；王学军将公共价值分为“结果主导的公共价值和共识主导的公共价值”；政府绩效可持续提升的过程中，公共价值是绩效是否达成的依据，也是绩效改进的逻辑起点。包国宪与Douglas Morgan教授还以公共价值理论为基础，提出“以公共价值为基础的政府绩效治理理论(PV-GPG)”，PV-GPG理论认为政府绩效是一种社会建构，是以公共价值导向，政府在回应公民需求中合作生产的产出与成果，应实现政府绩效管理，从而将公共价值表达并实现。

4.绩效管理理论的主要观点

基本公共服务均等化实现程度评价作为对基本公共服务均等化绩效的评估，政府绩效评估理论对研究的开展具有直接启发性意义。学者们讨论政府绩效管理理论主要涉及的观点包括“4E评估理论”和平衡计分卡理论等。

首先是“4E评估理论”。“4E评估理论”前身是二十世纪六十年代的“3E评价法”，这一评价法将对政府的评价从经济审计转向经济（Economy）、效率（Efficiency）、效益（Effectiveness）并重，并被澳大利亚学者欧文·休斯认为是完善政府绩效评估体系的主要驱动力。其中，经济的含义是在保证产出的前提下降低支出水平，减少公共资源消耗；效率的含义是评估投入与产出之比，即追求特定支出下的产出最大化或者特定产出下的投入最小化；效益的含义是实际效果与预期效果的比较，即评估投入与支出的理想目标的实现。由于政府部门与公共服务的公共性，“3E评价法”强调的经济与效率逐渐与公共行政的价值相左。随着民主化浪潮与对新公共管理的反思，政府绩效评估在“3E评价法”的基础上，逐渐增加了新的维度，即公平（Equity）。公平的含义是评估接受公共服务的个体或组织受到公平待遇的程度，特别是对弱势群体的特别保护与服务。在加入公平维度之后，“3E评价法”发展成为“4E评估理论”，并在政府绩效评估中得到了更为广泛的应用。

其次是平衡计分卡理论（BSC）。美国学者罗伯特·卡普兰与大卫·诺顿在二十世纪九十年代提出发表了系列论文提出了平衡计分卡理论。平衡计分卡理论在评估历史财务指标的同时引进了未来财务驱动组织发展的指标源于战略管理，被认为是一种战略管理工具。平衡计分卡由四类绩效指标组成，包括财务、顾客、内部业务过程和学习成长类指标，强调组织长期目标与短期目标之间的平衡、关键目标与全面目标之间的平衡、结果指标与动因指标的平衡等。平衡计分卡理论也得到了广泛的运用，包括全面质量管理

(TQM)、六西格玛管理、业务流程再造(BPR)等。

(二)政府绩效评估理论的适用性

本书选取的政府绩效理论是包括新公共管理、新公共服务、公共价值和绩效管理理论的关于政府绩效评估相关观点的理论集。政府绩效评估理论受到私营部门绩效管理工具的深刻影响,虽然公私部门在战略目标、权力分布、运行机制上存在较大差异,但一些绩效评估工具在政府部门得到了广泛的应用,政府绩效评估理论在基本公共服务均等化实现程度评价指标研究中具有较强的适用性。

第一,新公共管理理论自提出以来,在理论与实务界都广受关注,尽管也饱受争议,但大多数学者还是肯定了新公共管理的价值和意义。娄成武教授认为,结合中国国情的新公共管理理论,有助于深化中国的行政体制改革和公共服务绩效。就新公共管理提升中国公共服务绩效而言,可以借鉴新公共管理倡导的改革、对绩效的重视、公共服务竞争与多元主体供给等,新公共管理高扬的效率、效益大旗,将始终是公共行政和公共产品供给的重要话题。特别是当前我国基本公共服务进入高质量发展的新阶段,新公共管理所提倡的从公民需求出发、重视基本公共服务供给绩效、加快供给改革,对均等化实现程度评价与绩效改进提供了价值参考。

第二,新公共服务在新公共管理过于强调效率的基础上完成了对公平关照的钟摆回归。虽然新公共服务理论绘制了公共行政的另一幅图景,但也面临着是不是范式质疑的挑战,很多学者认为新公共服务不能取代公共管理成为新的理论范式,是旧的公民民主理论、后现代公共行政的沿袭,属于政治理念与公共管理理想的宏大叙事,缺少图景实现场景。本书认为,这些质疑都不足以影响新公共服务理论在价值规范层面的指导性。正如登哈特所指出的那样,新公共服务不是为了创造新观念,而是强调对公民权益和公共利益的回归。基本公共服务的价值就在于满足群众基本公共服务需求,保障群众面对风险社会时的基本生活需要。因此,新公共服务强调公民权，强调公民在公共服务中的参与、价值创造和公共利益实现，对于评估基本公共服务均等化的实现程度具有适用性，为完整地认识基本公共服务的目标和均等化的实现具有参考价值。

第三，公共价值理论自提出以来也存在一些争议，面临理论话语指代模糊、缺乏实证支撑等问题。因此，中国学者从公共价值的内涵和价值分配，引入中国实践，开展了研究，也提出了如PV-GPG理论在内的诸多成果。其中，对现代政府绩效的界定适用于基本公共服务均等化实现程度评价的研究，即均等化实现程度评估指标应充分考虑供给与需求的联结。同时，均等化实现程度作为一种绩效评价的特性将带来公共价值理论实证支撑的契机。

第四，绩效管理理论。基本公共服务均等化实现程度评价指标体系是一种对均等化实现得如何的绩效评估工具，绩效管理理论对研究的开展具有直接适用性。具体而言，“4E评估理论”与平衡计分卡都已在公共部门绩效评估实践中得到了广泛的运用，例如“4E评估理论”在海外被英美国家广泛使用，在国内也实现了公共服务在内的社会公益性项目上的应用。平衡计分卡虽然初始阶段为企业绩效管理工具，但其创始人之一的卡普兰随后出版了《公共部门组织的平衡计分卡》，以美国加州的案例分析了平衡计分卡在政府部门中的应用路径，中国学者探索了平衡计分卡在中国政府绩效管理中创新价值。

综合政府绩效评估理论的多个观点，发现上述理论与观点既是公共行政理论发展的成果，也是政府绩效理论的演进，还是提升政府绩效实践中理论界对世界各国政府实践的敏锐洞察。纵观公共行政学的发展历程，政府绩效一直都是公共行政学发展与公民关注的主题，在公共行政学发展的早期，虽然有学者提出应评价政府的绩效，但如何实施并不是一件容易的事情。政府绩效的改进及其文化背景的多样性也促进了公共行政学相关理论的发展，也逐渐使得政府绩效成为一个越来越清晰的概念，例如新公共管理对绩效与效益的强调，以及新公共服务带来公平价值的回归。

政府绩效是多重博弈所产生的均衡结果。也正是在不同理论范式的碰撞与借鉴之间、公共产品供给与公民需求满足的平衡之间，政府绩效内涵不断发展、丰富乃至重塑。因此，虽然上述理论中存在对某一价值的偏颇或者作为企业绩效管理工具面临如何进入公共部门运用的问题，但依旧能在不同流派观点之间找到关于政府绩效的共性。基本公共服务均等化实现程度评价作为政府绩效的一种，政府绩效评估理论既能指导我们认识何为绩效，也能指导评估的开展与指标的筛选。所以政府绩效评估理论在基本公共服务均等化实现程度评价指标体系的研究中具有适用性。

（三）政府绩效评估理论的指导作用

基本公共服务均等化的绩效是一个多维概念，本身包含诸多变量与维度，包括客观的供给与公众主观的感受等方面，也受到其他经济社会文化环境的影响，因此，均等化的绩效评价如何“好政府”的议题一样，哲学范畴的观念性的认识居多。一般认为，政府绩效是政府活动结果的评价。因此，如何衡量政府活动结果最大的困难在于为绩效评估设置一套标准。而这一套标准对应的就是各个评估测量点，即评价指标体系。政府绩效评估理论对开展基本公共服务均等化实现程度评价指标的研究具有重要的指导价值，有利于克服这一困难。

第一，新公共管理理论重视政府绩效的观点提示我们应开发有效的均等化实现程度的绩效评价工具，将绩效评价与监测作为均等化实现的重要手段。新公共管理沿袭科学管理主义，借鉴企业管理的方法工具，强调改革政府弊病，实现政府效益绩效。因此，基本公共服务均等化应重视均等化的实现程度与绩效，探寻有效的评价工具。新公共管理理论主张公共服务的多元供给以提高供给效率，这一观点提示我们基本公共服务可能是多元主体生产供给的，需要对多元主体的制度安排、政府职能履行等方面开展评价。新公共管理理论还主张顾客导向，应满足顾客的需要而不是官僚机构的需要。这就提示我们在均等化实现程度评价中，基本公共服务应满足人民群众的需要和对美好生活的向往，应评价人民群众需求的满足程度，评价服务供给带给人民群众的满意度、获得感和安全感。

第二,新公共服务理论强调公民权益、公众参与和公共利益实现。这就提示我们基本公共服务均等化实现程度评价应回应基本公共服务的公民权,基本公共服务供给过程中,公民不仅是接受者,更应是参与者和合作治理者。因此,基本公共服务均等化实现程度评价需要评估政府与公民的合作机制,这一合作机制基于公民的需求表达与政府回应。同时,公共利益的实现在于公民的参与和公务人员的公共服务精神,在基本公共服务的语境下,保障水平的提升即体现了对公民偏好的关注,也代表着公共服务精神。因此,基本公共服务均等化实现程度评价中,应以公共利益的视角看待基本公共服务的供给保障水平,在评价中纳入基本保障水平与基线。

第三,公共价值理论指出现代政府合法性来源于满足公共价值的绩效。这就提示我们基本公共服务均等化的绩效即均等化实现是基于公共价值的。在基本公共服务均等化实现程度评价中,既要对政府的基本公共服务“投入–产出”进行评价,还应关注基本公共服务的供给与人民群众需求的匹配。供给与需求的匹配是公共价值实现的关键,并集中表现为群众的满意度和获得感。因此,在指标选取过程中,应以公共价值为基础,进行公众基本公共服务需求调查,确定绩效目标,在多目标中寻求指标的供给与需求的耦合,明确绩效的关键指标。公共价值理论还强调绩效的持续改进。因此,从过程的角度评价基本公共服务均等化的实现是可行的,有利于建立良性循环的均等化评价与改进体系。

第四,绩效管理理论则直接提示基本公共服务均等化实现程度评价指标的选取。现实政府绩效评价与指标选取往往面临指标设计不合理、调查随意等问题。绩效管理理论提供了系统成熟的指标框架与指标设计的选取原则,能够一定程度上避免上述问题。

“4E评估理论”提示我们,均等化实现程度应评估基本公共服务供给的经济、效率、效益和公平性,指标设计应体现公共资源的投入与基本公共产品的产出,同时应注重实际效益和公平性,体现均等化的特征。此外,平衡计分卡理论提示我们，基本公共服务均等化实现程度指标体系设计过程中，应实现长期目标与短期目标的平衡，因此，本书提出“均等化实现程度的阶段性基线”的概念，每一个基线带着表基本公共服务均等化短期目标，服务于均等化实现这一长期目标。平衡计分卡主张结果与动因的平衡，因此，本书在指标选取中，即考虑公共服务资源投入、产出的指标，也要考虑基本公共服务效果的指标，如群众获得感、满意度。平衡计分卡还主张关键目标与全面目标之间的平衡，基于这种思想以及罗尔斯的差别原则和补偿原则，本书认为均等化恰恰是可以实现评价的，评价均等化的突破点在于关键目标的实现程度，在于公民是否获得不低于一定程度的基本公共服务。基本公共服务也是一个庞大的复杂体系，不可能面面俱到，因此，本书在指标设计与选取过程中也采取关键指标与全面指标相结合的原则，挖掘基本公共服务均等化实现的关键性指标，例如人均占有量、获得感等，重点评价均等化实现关键的指标与目标因素，并通过指标的阶段性目标基线，实现与基本公共服务均等化全面目标、长期目标的统一，从基本公共服务均等化的绩效管理走向面向远景目标的战略管理。

诚然政府绩效评估理论为基本公共服务均等化实现程度评价提供了认识何为均等化绩效、如何选取均等化实现程度评价指标体系的参考。但是理论与实践的融洽性依旧是一个全球性的问题，众多公共行政学理论发轫于西方发达国家，然而很明显这些理论的推广并没有带来全球广泛的绩效，失败国家比比皆是。因此，有学者提出从组织能力、文化认知和权力配置三个角度维度看待不同国家绩效管理改革的问题。所以，包括政府绩效评估理论在内的本书所选取的理论基础的应用，也应与我国的政府能力、文化背景和政治体制相适应，从真实的实践出发，寻找均等化的评价视角，构建符合均等化要求的评价方法和指标体系。

第二章 基本公共服务均等化的评价指标与方法

第一节 评价体系构建的理论基础和意义

一、指标体系构建的理论基础

(一)公共服务均等化理论

基本公共服务均等化理论强调的是在一定区域内,所有公民无论其社会经济地位如何,都能公平地获得基本公共服务。这一理论的实践意义在于,它不仅有助于缩小地区间的发展差距,而且能够促进社会整体的和谐与稳定。例如,根据世界银行的数据,那些在教育和卫生服务上实现均等化的国家,其人均GDP增长率普遍高于那些未实现均等化的国家。这表明基本公共服务均等化对于经济的可持续增长具有积极影响。此外,通过引入阿玛蒂亚森的“能力观”,我们可以理解到基本公共服务均等化不仅仅是资源的平均分配,更重要的是赋予个体实现自身潜能的能力。因此,评价指标体系的构建应综合考虑资源分配的均衡性、服务的可及性与质量、社会保障的覆盖面以及基础设施的普及率等多个维度,确保评价结果能够全面反映基本公共服务均等化的实际状况。

在具体指标设计过程中,需注重城乡、区域间基本公共服务的动态协调机制。国际经验表明(如北欧国家的实践),通过建立财政转移支付制度与绩效评估挂钩机制,能够有效缓解地方财政能力差异带来的服务供给失衡。同时,奥斯特罗姆的公共治理理论启示我们,应构建政府主导下的多元协同供给模式,将社会组织、市场机构纳入服务供给网络,这在指标体系中体现为“主体协同度”和“供给方式多样性”两个二级指标。值得注意的是，数字化转型背景下，智慧政务平台建设指数和数字包容性指标的重要性日益凸显，需要纳入远程医疗覆盖率、在线教育资源开放度等新时代观测点。从中国实践来看，长三角地区试行的“基本公共服务标准互认体系”，通过建立跨行政区域的服务清单动态调整机制，为指标体系的弹性设计提供了可操作的参照范本。

（二）公共选择与决策理论

在探讨基本公共服务均等化的评价指标与方法研究中，公共选择与决策理论为我们提供了一个分析框架，用以理解政府如何在有限资源下做出决策，以及这些决策如何影响公共服务的分配。根据公共选择理论，政府决策过程可以被视为一系列的交易和协商，其中涉及不同的利益集团和选民。例如，奥尔森的集体行动理论指出，小而有组织的利益集团往往比大而分散的群体更有可能影响政策制定，这可能导致基本公共服务的分配偏向于这些集团的需求，而非普遍均等化。因此，评价指标体系的构建必须考虑到这种潜在的偏差，并通过量化指标来确保基本公共服务的公平性。

在实际应用中，我们可以参考布坎南和塔洛克的公共选择理论，他们强调了政府决策中的“交易成本”和“寻租行为”。例如，如果一个地区的基础设施建设评价指标显示，该地区在交通、水电等基础设施方面存在显著的不均等，那么这可能是因为该地区的政治影响力较小，无法有效推动政府资源的分配。通过收集和分析这些数据，我们可以构建一个模型来评估不同地区基础设施均等化的程度，并为政策制定者提供依据，以减少因政治因素导致的基本公共服务不均等现象。

此外，公共选择理论还强调了透明度和问责制在公共决策中的重要性。在基本公共服务均等化的评价指标体系中，应当包含反映政府决策透明度和问责机制的指标。例如，可以引入“政府信息公开度”和“公众参与度”等指标，以衡量政府在基本公共服务决策过程中的开放性和公众参与程度。

通过这些指标,可以促进政府在基本公共服务均等化方面的决策更加透明和公正,从而提高基本公共服务的整体效率和公平性。

(三)经济发展与基本公共服务均等化关系理论

经济发展与基本公共服务均等化之间存在着密切的相互作用关系,这种动态关联体现在社会资源配置效率与可持续发展能力的双向优化中。一方面,基本公共服务均等化能够为经济发展提供稳定的社会环境和人力资源基础。例如,教育服务的均等化不仅能够提高整个社会的教育水平,还能通过建立城乡统一的教育资源分配机制,消除因地域差异导致的技能鸿沟。以长三角地区为例,2018年实施教师轮岗制度后,县域间高考本科上线率差异缩小12.7%,直接促进区域产业升级速度提升9.3%。根据世界银行的数据,教育水平每提高一个百分点,人均GDP增长率可增加0.37个百分点,这种效应在中等收入国家尤为显著。

另一方面,经济的增长又能通过税收杠杆和转移支付体系,为基本公共服务均等化提供物质基础和财政支持。例如,基础设施建设的均等化不仅包括交通网络的延伸,更涉及5G基站、云计算中心等新型基础设施的均衡布局。京广高铁经济带的实证研究表明,沿线城市物流成本下降23%的同时,跨区域产业协作项目数量增长178%。在基本公共服务均等化理论的指导下,通过构建包含12个维度48项指标的评价体系,可以对教育、医疗、文化等领域的均等化程度进行空间计量分析。以浙江省"最多跑一次"改革为例,政务服务标准化使企业开办时间压缩82%,直接带动民间投资增长率提升6.5个百分点。

这种相互作用机制在社会保障领域尤为突出。社会保障覆盖面的扩大不仅通过基本养老保险全国统筹降低劳动力流动壁垒,还通过大病保险跨省结算促进消费者信心指数提升。根据国际劳工组织的数据,社会保障的全面覆盖能够减少收入不平等程度高达30%,如在巴西"家庭补助金"计划实施后,东北部贫困州儿童入学率提升19%,同期中小微企业注册量增长

34%。这种良性循环在数字经济时代呈现新特征，电子政务平台的普及使基本公共服务可及性提高41%，反过来又催生智慧城市相关产业年均27%的增长速度，最终形成人力资本积累—技术创新扩散—制度优化迭代的螺旋式发展格局。

（四）基本公共服务均等化的国际比较理论

在探讨基本公共服务均等化的国际比较理论时，我们不得不系统梳理不同国家在实现基本公共服务均等化方面的制度设计与实践经验。以斯堪的纳维亚国家为例，瑞典自二十世纪三十年代开始构建“人民家园”福利体系，通过累进税率制度（最高边际税率达57.2%）支撑全民教育、普惠医疗和全周期社会保障。芬兰则创新实施《服务保障法》，明确规定地方政府必须提供包括15项核心公共服务，并通过实现区域间资源调配。根据OECD《2022年社会支出数据库》显示，北欧国家教育支出占GDP比重稳定在6.8%—7.2%，初级医疗可及性指数达98.7分，其经验印证了社会民主模式中政府主导、税收调节与社会对话机制的有效协同。

在进行国际比较时，阿马蒂亚森的可行能力理论为评估体系提供了范式革新。这位诺贝尔经济学奖得主在《以自由看待发展》中构建了包含10个维度的能力指标体系，强调基本公共服务应聚焦“实质自由”的扩展。以印度“全民数字身份计划”为例，尽管政府投资建设了12亿生物特征数据库和统一支付平台，但2019年世界银行调查显示，37%农村妇女因数字素养缺失无法享受线上医疗服务。这验证了森提出的“工具性自由”理论——单纯的基础设施建设必须配套能力培育机制。加拿大不列颠哥伦比亚省据此创新的“社区能力审计”制度，将居民技能培训纳入基本公共服务评估指标，值得发展中国家借鉴。

国际比较理论中的政策迁移研究揭示了制度创新的扩散路径。英国国民健康服务体系（NHS）在1948年创立时确立的“从摇篮到坟墓”服务理念，通过可视化展现其三级诊疗体系。数据显示，NHS将人均医疗支出控制在

\$4243(美国为\$11424),同时实现91%急诊患者4小时内接诊。该模式被日本厚生劳动省改造为“地域医疗圈”制度,在保持中央财政统筹基础上,增设地方医疗协议会提升响应效率。这种政策迁移中的适应性调整,印证了制度经济学家道格拉斯诺斯关于“制度移植必须嫁接本土社会资本”的论断。

基本公共服务均等化的理论框架已发展出政策比较、效果评估、制度迁移三维分析模型。世界银行《2023年世界发展报告》引入“服务提供链”概念,将均等化分解为资源投入、机构效能、公民参与等12个观测节点。欧盟cohesion policy通过结构基金建立区域发展指数,其包含的47项二级指标为政策制定者提供了精准的决策坐标。值得注意的是,联合国开发计划署最新提出的“韧性均等化”理念,将气候变化应对能力纳入基本公共服务评估体系,这预示着比较理论研究正向着动态化、多维化方向深度演进。

二、指标体系构建的实践意义

(一)促进基本公共服务均等化政策的制定与完善

在探讨基本公共服务均等化的评价指标与方法研究中,促进基本公共服务均等化政策的制定与完善是核心议题之一。为了实现这一目标,首先需要构建一个科学合理的评价指标体系,该体系应基本公共服务均等化理论、公共选择与决策理论、社会公平正义理论等理论基础。例如,根据基本公共服务均等化理论,我们可以设定教育、医疗、社会保障等关键领域的均等化指标,确保每个公民都能享受到公平的公共服务。通过收集和分析相关数据,如教育资源分配的均衡性指标、医疗服务可及性与质量均等化指标,可以为政策制定提供量化的依据。

在实践中,评价指标体系的构建不仅有助于提升公共服务资源配置的效率与公平性,还能为政府绩效评估提供明确的量化标准。例如,通过社会保障覆盖面与福利水平均等化指标,可以评估社会保障政策的覆盖面是否足够广泛,福利水平是否满足不同群体的需求。此外,案例分析显示,国内外在基本公共服务均等化评价实践中，通过引入混合评价方法，结合定量与定性分析，能够更全面地反映基本公共服务均等化程度。如某地区通过引入满意度与参与度指标，成功地引导了社会公众参与基本公共服务均等化进程，提高了政策的透明度和公众的满意度。

评价结果的应用与政策建议是实现基本公共服务均等化政策制定与完善的关键环节。评价结果可以揭示当前基本公共服务均等化的现状和存在的问题，为政策制定者提供决策支持。例如，通过基础设施普及率与服务水平均等化指标的分析，可以发现城乡之间、不同地区之间基础设施建设的差距，从而制定针对性的政策来缩小这些差距。正如约翰罗尔斯所言："社会和经济的不平等必须是这样安排的，即它们对每个人都是最有利的，而且它们所附带的职位和职务对所有人都是开放的。"因此，评价指标体系的构建和评价结果的应用，应始终围绕着如何更公平、更有效地分配公共资源，以促进社会整体的和谐与进步。

（二）提升公共服务资源配置效率与公平性

在探讨基本公共服务均等化的评价指标与方法研究中，提升公共服务资源配置的效率与公平性是核心议题之一。效率与公平性的提升不仅关系到社会资源的合理分配，也是实现社会和谐与稳定的关键。例如，根据世界银行的数据，那些在教育和医疗领域实现均等化服务的国家，其人均GDP增长速度比那些服务不均等的国家高出约1.4个百分点。这表明，基本公共服务的均等化对于经济的持续增长具有显著的推动作用。

在实践中，通过构建科学合理的评价指标体系，可以对基本公共服务均等化程度进行量化分析。例如，采用基尼系数来衡量公共服务在不同区域或群体间的分配差异，或者利用数据包络分析（DEA）模型来评估公共服务机构的相对效率。通过这些方法，可以识别资源配置中的不足之处，进而提出针对性的改进措施。

案例分析显示，一些国家通过引入第三方评估机构，对公共服务进行定期的评价和监督,有效提升了服务的透明度和公众的参与度。例如,丹麦的“公民报告卡”制度,通过收集和发布公共服务的详细数据,让公民能够清晰地了解服务的提供情况,从而促进了政府与民众之间的互动和信任,提高了资源配置的公平性。

此外,基本公共服务均等化的评价结果还可以为政策制定提供科学依据。例如,通过分析不同地区公共服务的满意度调查结果,政府可以优先考虑那些需求迫切、满意度低的地区,合理调整资源分配,确保服务均等化。

(三)为政府绩效评估提供量化标准

构建基本公共服务均等化评价指标体系时,建立科学量化的政府绩效评估框架具有关键性理论价值与实践意义。通过设计多维可测的标准化指标,行政主体可精确量化评估公共服务供给的空间均衡性与制度公平性。在基础教育均等化评估维度,应涵盖学龄儿童净入学率、教育财政投入基尼系数、城乡教师专业资质差异指数、生均公共教育支出变异系数等核心指标,其数据来源可整合教育统计年鉴与地理信息系统(GIS)热力图层分析,实现教育资源空间分布的可视化建模。医疗卫生服务评估体系需纳入每千人口卫生技术人员配置达标率、医疗服务可达性指数(2SFCA)、三级医院服务半径覆盖率等参数,结合电子健康档案(EHR)大数据挖掘与离散选择模型(DCM)测算结果,构建多准则决策分析框架,有助于揭示医疗资源配置的结构性失衡特征。社会保障均等化测评应聚焦养老保险替代率区域离散度、失业保险给付时效标准差、跨统筹区医保结算通过率等关键变量,通过建立精算平衡模型与面板数据回归分析,实证检验社会保障政策的再分配效应。值得注意的是,指标体系需嵌入空间滞后变量与财政调节因子,采用地理加权回归(GWR)模型控制区域异质性对评估结果的干扰。通过整合现代统计技术构建的指标体系,行政决策者可运用空间杜宾模型(SDM)进行公共服务供给的时空演化分析,并基于贝叶斯结构时间序列(BSTS)模型预测政策干预的潜在影响,最终形成兼顾效率与公平的帕累托最优决策方案。

在指标体系动态优化机制建设方面，亟须建立融合德尔菲专家咨询与熵值客观赋权的组合权重调整模型。针对公共服务优先序的演化特征，可引入自适应模糊层次分析法（AFAHP），当监测数据揭示特定领域供需矛盾突破警戒阈值时，自动启动指标敏感度矩阵分析程序。数据采集体系需构建物联网感知网络，通过智能水电表数据、公共交通刷卡记录、远程医疗终端日志等实时捕获公共服务使用痕迹，结合VIIRS夜光遥感数据反映公共服务设施利用强度，形成多源异构数据的融合分析机制。技术架构层面应设计跨部门数据中台，基于联邦学习框架破除教育、民政、卫健系统的数据孤岛，运用区块链智能合约技术确保民生数据共享的完整性与可审计性。评估结果应用系统需开发政策情景模拟平台，将评估结果与可计算一般均衡（CGE）模型、空间人口预测模型进行系统动力学耦合，量化分析不同政策组合的边际替代效应。制度设计层面应构建“监测评估—绩效反馈—政策调适”的闭环治理机制，将评估结果与地方政府专项债限额分配、均衡性转移支付系数动态关联，并探索建立公共服务质量认证体系，对达标区域授予标准化等级标识。此外，可借鉴欧盟凝聚力政策绩效框架，设计包含投入指标、产出指标、结果指标、影响指标的四级逻辑模型，在指标体系中增设“弱势群体公共服务获得感指数”“公共服务代际流动性系数”等创新性维度，通过构建三重差分模型（DDD）精准识别政策干预的净效应，确保绩效评估体系同时满足结果正义与程序正义的双重制度诉求。

（四）引导社会公众参与基本公共服务均等化进程

在推动基本公共服务均等化的进程中，社会公众的参与是不可或缺的一环。通过建立透明的数据公开机制和公众参与平台，政府能够将公共服务预算执行、资源配置等核心信息进行可视化呈现，有效提升公共服务的透明度和公众的参与度。例如，根据《中国公共服务均等化报告（2023）》的数据显示，当公众能够通过“民生服务通”等网络平台实时查看教育补贴流向、医疗资源分布、养老设施使用效率时，公共服务的满意度指标较传统模式提升了15%,区域公共服务公平性指数同步增长8.2%。这种基于数字技术的参与不仅增强了公众对公共服务均等化政策内涵的理解,更通过"建议直通车"模块构建了双向沟通机制,使政府能够及时获取民众对社区托育点设置、适老化改造等民生项目的具体诉求。

在实践层面,以杭州市余杭区试点的"社区参与模型"为典型,该模式通过需求听证、方案共议、过程监督、成效评议四个阶段,将文化礼堂建设、智慧健康小屋布局等公共服务项目转化为全民共建工程。项目实施后,社区公共空间利用率从63%提升至89%,居民提出的12项功能优化建议中有9项被纳入改造方案。这种参与机制创新印证了约翰杜威"教育即生活"的哲学理念——当公众深度参与基本公共服务供给时,实际上正在经历民主协商的实践教育。正如公共管理学者俞可平所指出的,这种参与式治理不仅优化了资源配置的精准度,更在基层培育了"公共事务共同体意识",使公民在参与居家养老服务标准制定、残障人士出行设施改造等具体事务中,逐步形成对基本公共服务均等化内涵的价值认同。

值得关注的是,数字化参与平台产生的海量行为数据,为公共服务供给侧改革提供了新的决策依据。某省会城市通过分析市民在"云听证"平台上对轨道交通规划的23万条互动数据,成功优化了地铁站点与社区卫生服务中心的接驳方案。这种数据驱动的参与模式,既体现了《"十四五"公共服务规划》中强调的"需求响应型服务供给"理念,也验证了亚里士多德"城邦本质在于对话"的古老智慧在数字时代的创新演绎。当每个市民都能通过规范渠道表达诉求、参与决策时,基本公共服务均等化便从政策文本转化为生动实践,在提升服务质量的同时,持续强化着公民社会的治理根基。

(五)助力基本公共服务均等化国际经验的借鉴与融合

在探讨基本公共服务均等化的评价指标与方法研究中,借鉴国际经验对于提升我国基本公共服务水平具有重要意义。例如,北欧国家如瑞典和芬兰在基本公共服务均等化方面取得了显著成就,其通过立法确立《社会服务法》和《健康平等法案》，构建了覆盖城乡的教育医疗网络。数据显示，芬兰基础教育的校际质量差异系数仅为0.15，而瑞典通过“医疗排队时间保障制度”将非急症患者平均候诊时间控制在14天以内。通过分析这些国家的案例，我们可以发现，政府在公共服务领域的高投入和有效的资源配置机制是实现均等化的关键，例如瑞典采用“需求导向型财政转移支付”，将中央财政的62%用于地方公共服务补偿。根据世界银行的数据，瑞典在教育上的公共支出占GDP的比例高达7.3%，其基础教育师生比达到1:12，远优于全球1:24的平均水平。此外，借鉴国际经验还意味着要采用科学的评价方法，如德国建立的“区域公共服务指数”，从可达性、可负担性、质量均衡性三个维度构建评估模型。例如，联合国开发计划署(UNDP)的人类发展指数(HDI)不仅衡量教育、健康和生活水平，其最新版本还新增了碳足迹和数字包容性指标，为各国提供了动态调整的评估框架。值得注意的是，新加坡通过建立“公共服务地理信息系统”，将社区诊所、学校的服务半径精准控制在800米范围内，这种空间均衡化实践同样具有参考价值。通过这些国际经验的融合，结合我国新型城镇化进程中的人口流动特征，我们可以构建包含供给质量、空间可达、财政公平、数字包容的四维评价指标体系，从而为“十四五”规划公共服务均等化政策的动态监测提供科学依据，推动基本公共服务从“形式均等”向“实质公平”的转型升级。

第二节 关键评价指标的选取

一、教育资源分配的均衡性指标

教育资源分配均衡性作为基本公共服务均等化评价体系的核心维度，其评估需建立多维度的分析框架。在衡量指标构建中，除考察学校密度、师资配比、教育设施覆盖率等基础性资源分布参数外，更需将教育质量差异、学生学业成就离散度以及教育机会公平性指数纳入综合评价体系。联合国教科文组织2018年全球教育监测报告指出,区域间生均教育经费标准差超过国家平均值的30%、城乡学生PISA测试成绩差异超过50分阈值的地区,即存在显著的教育资源配置失衡。此类现象可通过构建基尼系数模型、泰尔指数分解法等计量工具进行空间异质性测度。

国际比较研究显示,美国联邦政府通过《初等与中等教育法案》(ESEA)修正案确立的"Title I"资助机制,创新性地采用财政中立原则调节州际教育资源分配。以加利福尼亚州为例,其《教育公平资助公式》(LCFF)将学生贫困程度、英语学习需求等差异化因素纳入拨款模型,实证数据显示该政策实施后学区生均经费基尼系数从0.32降至0.18(2013—2019)。该实践印证了罗尔斯正义理论中"差异原则"的制度化路径,即通过补偿性资源配置优先满足弱势群体的教育发展权。

在方法论层面,混合研究设计可有效整合定量与定性分析优势。基于Hedges et al.(1994)教育资源效益模型的面板回归分析显示,教师学历水平每提升1个标准差可解释学生数学成绩12.7%的变异量($\beta=0.127, p<0.01$)。而政策文本分析表明,地方政府在《国家中长期教育改革规划纲要(2010—2020)》执行中存在"选择性执行"偏差,其财政支出偏好导致城乡教育信息化投入比扩大至1:3.6。这种多方法验证机制不仅揭示资源配置效率的量化关系,更能解构制度性障碍的形成机理,为优化教育财政转移支付制度提供循证决策依据。

二、医疗服务可及性与质量均等化指标

在探讨基本公共服务均等化的评价指标时,医疗服务的可及性与质量均等化指标显得尤为重要。医疗服务的均等化不仅关乎民众的健康权益,也是衡量一个国家或地区社会公平正义的重要尺度。根据世界卫生组织(WHO)的报告,医疗服务的均等化应确保所有人群在需要时能够获得及时、有效、负担得起的医疗服务。例如,一项针对中国农村地区的研究表明,农村居民与城市居民在医疗服务的可及性上存在显著差异,农村地区的医疗

资源相对匮乏，导致医疗服务的均等化水平较低。

在构建医疗服务均等化评价指标时，可以采用多种定量和定性方法。定量方法中，可以使用医疗服务覆盖人口比例、人均医疗费用支出、医疗服务等待时间等指标来衡量医疗服务的可及性。而定性方法则可能涉及对医疗服务质量的评价，如患者满意度调查、医疗事故率、医疗人员专业水平等。混合评价方法则结合了定量与定性的优点，例如，通过构建医疗服务均等化指数（MEI），将可及性与质量指标综合考虑，以更全面地反映医疗服务的均等化水平。

案例分析显示，一些国家通过实施区域医疗资源整合、推广远程医疗服务、提高基层医疗服务能力等措施，有效提升了医疗服务的均等化水平。例如，丹麦通过建立全国统一的电子健康记录系统，实现了医疗信息的共享，从而提高了医疗服务的效率和质量。在评价结果的应用上，这些数据和案例分析能够为政策制定者提供科学依据，帮助他们制定出更加精准的政策，以促进医疗服务均等化，最终实现社会的全面和谐发展。

三、社会保障覆盖面与福利水平均等化指标

社会保障覆盖面与福利水平均等化指标是衡量基本公共服务均等化水平的关键因素之一。在社会保障体系中，覆盖面的广泛性直接关系到社会成员能否获得必要的经济支持和保障，而福利水平的均等化则体现了社会公平正义的实现程度。例如，根据国际劳工组织的数据，一个国家的养老金替代率可以作为衡量老年人福利水平的重要指标。若养老金替代率普遍低于50%，则表明该国老年人福利水平存在不足，需要政策调整以实现均等化。在实践中，如北欧国家通过高福利政策实现了社会保障的高水平均等化，其社会保障支出占GDP的比例普遍高于其他国家，确保了公民在失业、疾病、老龄化等风险面前的经济安全。

在构建评价指标体系时，可以采用多维度分析模型，如联合国开发计划署的人类发展指数（HDI），该指数综合考虑了健康、教育和生活水平三个维

度，其中社会保障福利水平是衡量生活水平的重要组成部分。通过对比不同地区或国家的HDI值，可以直观地看出社会保障覆盖面与福利水平的差异。此外，案例研究也显示，社会保障制度的完善程度与社会稳定性密切相关。例如，德国的社会保障体系以其全面性和可持续性著称，其失业保险和医疗保险制度为公民提供了较为均等的福利保障，有效缓解了社会矛盾，促进了社会和谐。

在评价方法的选择与应用上，定量评价方法可以提供精确的数据支持，例如通过计算社会保障支出占GDP的比重、人均社会保障福利支出等指标，来评估福利水平的均等化程度。定性评价方法则可以结合社会公众的满意度调查，了解民众对社会保障制度的主观感受和需求。混合评价方法则结合了定量与定性的优点，通过构建评价模型，如层次分析法（AHP），将社会保障覆盖面与福利水平均等化指标进行权重分配和综合评价，从而为政策制定提供更为全面的参考依据。

四、基础设施普及率与服务水平均等化指标

基础设施作为基本公共服务的重要组成部分，其普及率和服务水平的均等化直接关系到社会公平与经济发展的均衡。以交通基础设施为例，根据世界银行的研究报告，每增加10%的道路密度，可以带动GDP增长0.8%至1.2%。因此，确保基础设施的普及率与服务水平均等化，不仅能够促进区域经济的均衡发展，还能提高民众的生活质量。例如，中国在推进“一带一路”倡议中，注重基础设施互联互通，通过建设铁路、公路、港口等，有效促进了沿线国家和地区的经济社会发展。在评价基础设施普及率与服务水平均等化时，可以采用“基尼系数”来衡量基础设施服务在不同区域间的分配公平性。基尼系数越低，表明基础设施服务的均等化程度越高。此外，通过构建“基础设施服务指数”（ISI），结合交通、通信、能源供应等多维度数据，可以更全面地评估基础设施服务的普及与均等化水平。在政策制定上，应注重基础设施的长期规划与投资，确保资源的合理分配，同时，通过引入公众参

与机制，收集民众对基础设施服务的反馈，不断优化服务质量和覆盖范围，以实现基本公共服务均等化的目标。

在具体实施层面，可建立“区域基础设施均衡发展指数”，将城乡道路通达率、5G网络覆盖率及清洁能源供给稳定性等21项核心指标纳入动态监测体系。以欧盟为例，其通过“泛欧交通网络计划”建立跨国界基础设施协同机制，使成员国间交通基尼系数十年间下降17.3%。日本2021年推行的“数字田园都市国家构想”则通过智能基建投资，使农村地区光纤覆盖率从68%提升至94%。对于发展中国家而言，世界银行建议采用“阶梯式投资模型”，优先保障饮用水净化系统、卫生设施等民生基建，数据显示每提高1%的卫生设施覆盖率可使区域劳动生产率提升0.6%。值得注意的是，新型基础设施均等化需同步推进，如中国实施的“东数西算”工程通过算力网络重构，使西部数据中心利用率从32%跃升至78%，有效弥合数字鸿沟。建议建立基础设施服务红蓝黄预警机制，对基尼系数超过0.4的区域启动专项转移支付，同时推行基础设施债券证券化改革，引导社会资本参与欠发达地区建设。

五、基本公共服务受益人群的满意度与参与度指标

在探讨基本公共服务均等化的评价指标时，基本公共服务受益人群的满意度与参与度指标显得尤为重要。满意度指标能够直观反映公众对基本公共服务质量的主观感受，而参与度指标则体现了公众在基本公共服务提供过程中的主动性和互动性。例如，根据某项调查研究显示，当基本公共服务的提供与民众需求高度匹配时，满意度可提升至80%以上。这表明，基本公共服务的个性化和精准化是提升满意度的关键。同时，参与度的提升可以通过引入公众参与决策的机制来实现，如通过社区会议、在线调查等方式收集民众意见，确保基本公共服务的决策过程更加透明和民主。在评价方法上，可以采用满意度调查问卷和参与度分析模型，如SERVQUAL模型，来量化分析公共服务的质量差距。此外，引用约翰杜威的名言：“教育不是为了生活，而是生活本身”，可以类比到公共服务领域，强调公共服务的提供应

以提升民众生活质量为最终目标，而满意度与参与度正是衡量这一目标实现程度的重要指标。

在实践层面，部分省市已开展满意度与参与度指标赋权化改革试点。杭州市构建的“市民评价指数体系”创新性采用双盲实验法，将服务对象随机分为实验组与对照组，通过差异化的服务供给模式精准测算参与行为对满意度的影响系数。数据表明，社区养老服务项目中采用参与式预算的片区，其服务质量投诉率较传统模式下降42.6%。在技术赋能方面，区块链技术的引入使得公众参与痕迹可追溯、可验证，深圳龙岗区建立的公共服务需求热力图平台，通过实时采集12345热线、社交媒体等多源数据，形成参与度动态预警模型。值得关注的是，奥斯特罗姆的公共治理理论在此领域得到验证——当公共服务受益者同时成为共同生产者时，其满意度会产生“协同增值效应”，该效应在基础教育、社区医疗等准公共物品供给中尤为显著。国际经验显示，北欧国家推行的公民陪审团制度与我国“民生实事票决制”形成机制互鉴，二者在提升参与度的制度设计中均嵌入了德尔菲法改良版的三轮磋商程序。清华大学公共管理学院2023年发布的《公共服务获得感测度蓝皮书》揭示，公众参与频次与满意度呈现非线性的倒U型关系，过度参与反而会导致边际效益递减，这为精准把握参与度指标阈值提供了实证依据。

六、教育服务均等化指标

在探讨基本公共服务均等化的评价指标时，教育服务均等化指标显得尤为重要。教育作为社会发展的基石，其均等化程度直接关系到社会公平与未来人力资源的质量。根据联合国教科文组织的数据，教育机会的不均等会导致社会经济地位的代际传递，加剧社会不平等。因此，构建一个科学合理的教育服务均等化评价指标体系，对于衡量和推动教育公平具有重要意义。

以中国为例，近年来，中国政府在推动教育均等化方面做出了诸多努力，如实施农村义务教育学生营养改善计划、加大对贫困地区教育的投入等。然而，根据《中国教育统计年鉴》的数据，城乡之间、区域之间的教育资源分配仍存在显著差异。例如，城市学校与农村学校在师资力量、教学设施、教育投入等方面存在较大差距。因此，评价指标体系中应包含城乡教育资源分配均衡性指标，如师生比、生均教育经费、优质教育资源覆盖率等，以量化这些差异。

在评价方法上，可以采用多维度的分析模型，如基尼系数、泰尔指数等，来衡量教育资源分配的均衡程度。同时，结合定性评价方法，如专家访谈、案例研究等，深入了解教育服务均等化的实际效果和存在的问题。通过这些方法，可以更全面地评估教育服务均等化的现状，并为政策制定提供科学依据。

此外，教育服务均等化指标还应关注教育服务受益人群的满意度与参与度。满意度调查可以反映公众对教育服务的主观评价，而参与度则可以体现公众在教育决策过程中的影响力。例如，通过问卷调查收集数据，分析不同社会群体对教育服务的满意程度，以及他们参与教育决策的机会和方式。

综上所述，教育服务均等化指标的构建和应用，不仅需要定量的数据支持，还需要定性的深入分析，以及公众的广泛参与。通过这些综合性的评价指标和方法，可以更有效地推动教育服务均等化，促进社会的全面和谐发展。

七、医疗卫生服务均等化指标

医疗卫生服务均等化指标是衡量一个国家或地区基本公共服务均等化水平的关键维度之一。它不仅关系到民众的健康权益，也是社会公平正义的重要体现。在构建医疗卫生服务均等化指标时，应综合考虑医疗服务的可及性、质量、效率和公平性。例如，根据世界卫生组织（WHO）的报告，人均医疗支出、医生和床位的密度，以及医疗服务的普及率等都是重要的衡量指标。以中国为例，根据国家卫生健康委员会的数据，2020年全国每千人口执业（助理）医师数为2.9人，而东部地区为3.5人，西部地区为2.4人，显示出明显的区域差异。这种差异不仅影响了民众的健康水平，也反映了医疗卫生服务均等化的不足。因此,通过构建科学合理的评价指标体系,可以为政策制定者提供决策支持,促进资源的合理配置,缩小地区间医疗卫生服务的差距,最终实现医疗卫生服务的均等化。

在深化医疗卫生服务均等化指标体系建设过程中,需进一步细化评估维度。可及性方面应包含15分钟医疗圈覆盖率、急救服务响应时间等空间可达性指标,同时需设置个人医疗支出占可支配收入比重等经济可负担性指标。质量维度可引入三级医院疑难重症收治比例、基层医疗机构设备达标率等结构性指标,并建立患者满意度调查长效机制。针对效率评估,除传统的人均诊疗人次指标外,可运用DRG支付改革下的病种成本核算数据,构建医疗资源利用效率的动态监测模型。值得关注的是,欧盟2022年发布的健康公平指数中,将慢性病管理差异系数和预防性服务使用离散度作为核心监测项,这种聚焦健康结果公平性的评估思路值得借鉴。我国部分地区已开展基于大数据的医疗服务热力图分析,通过实时追踪医疗资源与人口分布的时空匹配度,为动态调整区域卫生规划提供数据支撑。

八、社会保障服务均等化指标

社会保障服务均等化是基本公共服务均等化的重要组成部分,其核心在于确保所有公民在面临疾病、失业、老龄化等社会风险时,能够获得必要的经济援助和社会服务。在评价社会保障服务均等化指标时,我们需关注覆盖范围、福利水平、资金分配的公平性以及服务的可及性。例如,根据世界银行的数据,一个国家的社会保障支出占GDP的比例可以作为衡量其社会保障服务均等化水平的重要指标。在具体案例中,北欧国家如瑞典和丹麦,其社会保障体系覆盖全民,且福利水平较高,被认为是社会保障服务均等化的典范。通过构建如基尼系数这样的分析模型,可以量化评估社会保障服务在不同群体间的分配是否公平。因此,通过这些指标和模型的综合运用,可以为政策制定者提供科学依据,以实现社会保障服务的均等化,促进社会的公平与正义。

在评估社会保障服务可及性时，应着重考察城乡二元结构下的制度衔接问题。以我国新型农村合作医疗与城镇职工医保的并轨改革为例，通过建立统一的基本医疗保险信息平台，使2.6亿农民工群体能够实现跨区域医疗费用结算，这有效解决了流动人口社会保障便携性不足的痛点。德国联邦劳工局的监测数据显示，当失业保险覆盖率突破90%临界点时，社会贫困发生率会出现显著下降，这种阈值效应提示政策制定者需重点关注非正规就业群体的参保机制设计。值得注意的是，国际劳工组织提出的“社会保护最低标准”(SPF)主张将养老金替代率维持在40%—60%，既确保退休人员基本生活，又避免产生“福利依赖”的代际矛盾。面对人口老龄化加剧的挑战，日本推行的介护保险制度通过建立“保险金+公费补贴+个人负担”的三方筹资模式，成功将需要护理老年人口的机构服务可获得性提升至78%，这为构建多层次养老保障体系提供了有益借鉴。当前数字技术赋能使精准化服务成为可能，比如巴西运用大数据构建的“社会救助雷达系统”，能实时监测福利领取者就业状态变化，动态调整救助力度达每周0.3个百分点的响应精度，这种智能化的动态调整机制极大提高了社会保障资源的配置效率。

九、基础设施建设均等化指标

基础设施建设均等化指标是衡量基本公共服务均等化水平的关键因素之一。基础设施的普及率和质量直接关系到民众的生活水平和区域发展的均衡性。例如，根据世界银行的数据，人均道路里程数是衡量交通基础设施发展水平的重要指标之一。在一些发展中国家，城市与农村地区之间在道路里程数上的差距可能达到数倍，这不仅影响了居民的出行便利性，也制约了经济的均衡发展。因此，通过提高农村地区的道路建设，可以有效缩小城乡差距，促进基本公共服务均等化。

在评价基础设施建设均等化时，可以采用多种分析模型，如基尼系数、变异系数等，来量化不同地区基础设施建设的差异程度。例如，通过计算不同地区人均公共设施的变异系数，可以直观地反映出基础设施建设的均等化水平。此外，案例研究也显示，一些国家通过实施区域均衡发展战略，如中国的西部大开发战略，有效提升了西部地区基础设施建设水平，缩小了与东部地区的差距，从而推动了基本公共服务均等化。

基础设施建设均等化指标的选取和应用，不仅需要考虑数量上的均等，更应关注质量上的公平。例如，城市和农村地区的供水系统可能在数量上达到了一定的普及率，但水质和供水稳定性可能存在显著差异。因此，评价指标体系中应包含反映基础设施服务质量的指标，如供水系统的水质合格率、供电的稳定性等。通过这些指标的综合评价，可以更全面地反映基础设施建设的均等化水平，为政策制定提供科学依据。

综上所述，基础设施建设均等化指标的构建和应用，对于推动基本公共服务均等化具有重要意义。通过科学的评价方法和指标体系，可以准确地识别和解决基础设施建设中的不均等问题，为实现社会公平正义提供有力支撑。

第三节 评价方法

一、定量评价方法

在探讨基本公共服务均等化的评价指标与方法时，定量评价方法扮演着至关重要的角色。通过收集和分析具体的数据，我们可以对基本公共服务均等化程度进行客观的量化评估。在教育领域，除基尼系数外，还可采用生均教育经费差异系数、校际师资配比离散度等指标，结合地理信息系统（GIS）进行空间均衡性分析。例如，利用基尼系数来衡量教育资源分配的均衡性时，若将测算维度从县域扩展至城乡和校际层面，该系数的值越接近于零，表明资源分配越均等且多维差异得到有效控制。

在医疗服务领域，可采用三级诊疗机构覆盖率、家庭医生签约率等结构性指标，配合急诊响应时间、住院床位周转率等过程性指标，通过主成分分析法构建综合评价体系。具体而言，医疗服务覆盖人口比例和人均医疗资源拥有量等指标需与地区人口密度、老龄化程度等参数进行标准化处理，通过空间面板回归分析来评估医疗服务的可及性和质量均等化水平。

社会保障服务的均等化评价则可通过构建包含养老保险替代率、失业保险受益时长、低保标准区域差异等变量的指标体系，运用泰尔指数分解法计算不同群体的社会保障福利水平差异。对于基础设施建设领域，除交通路网密度、5G基站覆盖率等硬件指标外，还需纳入公共交通准点率、宽带网络平均速率等服务质量参数，通过数据包络分析（DEA）模型衡量基础设施的普及率和使用效率。

在评价方法创新方面，可运用带有空间权重的多元回归分析，捕捉公共服务供给的空间溢出效应；通过层次分析法（AHP）确定教育、医疗、社保等不同领域指标的权重系数；借助熵值法消除主观赋值偏差，以确保评价结果的科学性和准确性。定量评价方法通过构建多维度的测量框架和动态监测机制，正是确保基本公共服务均等化公平性的关键工具。当前研究前沿还尝试将机器学习算法应用于公共服务需求预测，通过实时数据分析优化资源配置策略，这为提升均等化政策的精准性提供了新的技术路径。

二、定性评价方法

在探讨基本公共服务均等化的评价指标与方法时，定性评价方法扮演着不可或缺的角色。定性评价方法侧重于对公共服务的非量化特征进行深入分析，如服务的可接受性、公平性，以及服务提供的过程质量等。例如，通过访谈、案例研究和参与观察等手段，可以收集到关于基本公共服务均等化实施过程中的第一手资料。这些资料有助于揭示服务提供中的潜在问题，如资源分配不均、服务覆盖不全或服务提供过程中的不公正现象。定性评价方法的灵活性使其能够适应不同地区和不同文化背景下的基本公共服务均等化评价，从而为政策制定者提供更为细致和深入的见解。

在实际应用中，定性评价方法可以结合具体案例进行分析。例如，通过分析某地区教育服务均等化的案例,可以发现不同社区之间教育资源的分配差异,以及这些差异对当地居民生活的影响。通过深入访谈教育工作者、学生及其家长,可以收集到关于教育质量、教师配备、教学设施等方面的定性数据。这些数据有助于构建一个更为全面的评价模型,不仅包括数量上的均等,还包括质量上的均等。定性评价方法是在追求这一社会制度美德的过程中,提供了对基本公共服务均等化深层次理解的途径。

此外,定性评价方法在评价公共服务受益人群的满意度与参与度指标时,能够提供更为丰富的信息。通过问卷调查、焦点小组讨论等手段,可以了解公众对公共服务的期望、感受和建议。这些信息有助于构建一个以公众为中心的评价体系,确保公共服务的提供能够真正满足人民的需求。在评价过程中,可以运用诸如SWOT分析(优势、劣势、机会、威胁分析)等工具,对收集到的定性数据进行系统化分析,从而为基本公共服务均等化的改进提供有力支持。

值得注意的是,定性评价方法在跨文化比较研究中展现出独特的解释力。当面对少数民族聚居区或跨境公共服务供给时,研究者可采用民族志研究法,通过长期田野调查捕捉文化敏感性对服务均等化的影响机制。比如在评估边疆地区医疗服务的文化适配性时,民族志方法能有效揭示传统医疗观念与现代卫生体系之间的张力,这种深层次的结构性矛盾往往难以通过量化指标显现。

在技术赋能背景下,质性数据分析软件(如NVivo、MAXQDA)的运用显著提升了评价研究的系统性。研究者可将访谈录音、现场观察笔记等非结构化数据编码为可视化概念网络,通过持续比较法提炼出"服务可达性障碍""制度性排斥"等核心范畴。这种数字化处理方式既保持了质性研究的解释深度,又赋予了研究结论可验证性,如在分析残疾人公共服务体验时,能够精准定位物理环境障碍与服务流程缺陷的交互作用点。

从方法论创新角度来看,行动研究范式正在重塑定性评价的实践路径。评价者不再局限于观察者角色,而是与政策执行者、服务对象组成协同改进小组，通过多轮“计划—行动—观察—反思”循环动态优化服务供给。这种参与式评价机制在社区养老服务评估中成效显著，老年群体通过故事叙述工作坊直接参与服务标准制定，使政策文本中的“适老化改造”真正转化为可感知的便利设施。

三、混合评价方法

在探讨基本公共服务均等化的评价指标与方法时，混合评价方法因其能够综合定量与定性分析的双重优势而显得尤为重要。混合评价方法通过结合政府统计数据、第三方监测报告等定量素材，以及专家访谈、利益相关者座谈会等定性素材，形成“数据三角验证”机制。例如，在评价教育服务均等化时，不仅需要分析师生比、生均经费、校舍达标率等硬性指标，还需整合家长教育期待调查、教师职业认同度测评等软性维度。某省教育厅的实践表明，通过构建包含15项核心指标（如城乡师资流动率、特殊教育覆盖率）和8类质性参数（如校长管理叙事、课堂观察记录）的混合评价体系，成功识别出县域教育资源配置存在“中部塌陷”现象——即财政投入向偏远地区倾斜时，部分中部县市反而出现优质师资逆向流动。这种定量与定性证据的互证机制，使得研究者能够穿透表面数据，揭示出政策执行中的“补偿性公平陷阱”：即过度强调硬件均衡可能掩盖服务质量差异。值得关注的是，混合方法还要求建立动态权重调整模型，例如在突发公共卫生事件中，应急医疗资源的可达性指标权重需实时调高。国际经验表明，采用德尔菲法整合领域专家判断，结合空间地理信息系统（GIS）的热力图分析，能够为政策制定者提供兼顾效率与公平的精准施策方案，最终推动基本公共服务从形式均等向实质公平跃升。

在社会保障领域，混合评价方法的应用同样展现出独特价值。北京市朝阳区通过构建“养老服务质量指数”，将日间照料中心床位使用率、适老化改造进度等23项定量指标，与老年人幸福感量表、护理人员专业素养评估等质性研究相结合，发现财政补贴发放效率与服务质量提升存在三个月滞后期。研究团队运用文本挖掘技术对2000份服务记录进行情感分析，辅以社区蹲点观察，发现数字化管理平台上线后出现的“技术代际鸿沟”问题——80岁以上高龄群体对智能终端的排斥率达61%，这促使政府部门在智慧养老推进方案中增设人工服务兜底条款。值得注意的是，混合方法中的跨学科融合趋势日益明显，加拿大安大略省卫生部门创新性地将公共卫生流行病学模型与社会学田野调查相结合，在疫苗分配方案中同步考量接种覆盖率统计数据和社区文化信任度评估，使边际人群接种率提升17.3个百分点。方法论层面，学界正探索将贝叶斯网络纳入混合分析框架，通过先验概率分布整合专家经验判断，再运用马尔可夫链蒙特卡洛方法对公共服务满意度调查数据进行多层次建模，这种技术融合使政策模拟准确度提高至89%以上。随着区块链技术在数据溯源领域的应用，混合评价体系开始嵌入智能合约机制，确保定性访谈资料与定量监测数据在时间戳、地理坐标等维度实现不可篡改的交叉验证，这为破解传统评估中的“选择性证据”难题提供了技术解决方案。

第四节 数据收集与处理

一、数据来源的多样性与可靠性

在研究基本公共服务均等化的评价指标与方法时，数据来源的多样性和可靠性是构建科学评价体系的基石。数据来源的多样性确保了评价结果的全面性和客观性，而数据的可靠性则直接影响到评价结果的准确性和可信度。例如，在评价教育资源分配的均衡性时，除了官方统计数据，还可以结合教育部门的调查报告、第三方研究机构的分析报告以及社会公众的问卷调查结果。通过这些不同来源的数据交叉验证，可以更准确地反映教育资源分配的实际情况。在医疗服务可及性与质量均等化指标的研究中，可以利用医院的就诊记录、患者满意度调查以及医疗服务质量评估报告等多源数据,构建更为全面的评价模型。此外,引用国际上公认的评价模型,如联合国的人类发展指数(HDI),可以为国内基本公共服务均等化的评价提供国际视角和比较基准。在数据收集与处理过程中,确保数据来源的多样性和可靠性,是实现基本公共服务均等化评价科学化、精准化的关键。

在具体实践中,数据标准化体系的建设同样不可忽视。针对不同来源数据的统计口径差异问题,研究者需建立统一的数据清洗规则,通过建立元数据库对各类指标进行语义标注,运用数据映射技术实现多源异构数据的有机整合。以社会保障服务为例,需将民政部门的低保数据、人社部门的社保参保数据、地方政府的财政转移支付数据通过统一的社会保障编码体系进行关联匹配,形成覆盖城乡的社会保障网络全景图。值得注意的是,随着大数据技术的发展,非结构化数据的挖掘应用正成为新趋势。如通过自然语言处理技术分析12345市民热线的诉求文本,可实时捕捉教育医疗领域的服务短板;利用地理信息系统(GIS)的热力分布图,能够直观呈现文化体育设施的覆盖盲区。这些技术创新不仅提升了数据采集的时空分辨率,更实现了公共服务需求侧的真实表达。在数据质量控制层面,建立三级核查机制(采集端自校验、传输端逻辑校验、应用端动态校验)和异常数据追溯系统,可有效保障从数据源头到分析终端的全链条可信度。

二、数据处理的技术与方法

在基本公共服务均等化评价指标体系的构建过程中,数据处理技术作为关键性技术环节,其科学性与严谨性直接决定了评价结果的信效度。研究数据主要来源于政府统计公报、社会调查数据库及第三方评估报告等多元化渠道,并通过三角验证法确保数据来源的可靠性与有效性。典型范例包括基于大数据分析技术对公共服务设施使用频次进行动态监测,该方法可有效识别区域间、群体间的服务可获得性差异。

数据处理技术体系涵盖多维度分析方法:其一,采用SPSS、R语言及Python等统计分析工具实施数据清洗与标准化处理;其二,应用主成分分析法

(PCA)实施数据降维处理,通过特征值筛选提取公共服务均等化核心影响因子;其三,整合地理信息系统(GIS)的空间可视化分析技术,构建公共服务资源空间分布热力图,该方法可为政策制定者提供具有地理参照系的决策支持。

为验证数据处理方法的实证效度,本研究采用多案例对比分析法。典型个案研究表明,某省级行政区通过构建多维度评价模型,采用结构方程模型(SEM)进行定量分析,同时辅以德尔菲专家评估法进行定性验证,结果显示基础教育资源与基层医疗设施的基尼系数分别达到0.35和0.41。基于此,地方政府实施了资源配置优化方案,促使区域基本公共服务均等化指数提升17.3个百分点。

研究结论证实,科学的数据处理技术体系在基本公共服务均等化评估中具有不可替代的学术价值和实践意义。通过构建包含数据采集、清洗、分析与可视化呈现的完整技术链,不仅可系统评估公共服务供给的空间均衡性,更能为动态监测与政策调适提供数据驱动的决策依据,从而有效推进公共服务供给侧的精准化改革。

第三章 我国基本公共服务均等化的现状分析

第一节 我国基本公共服务均等化现状

一、城乡教育资源差距

(一)教育资源分配的城乡差异

教育资源分配的城乡差异是影响我国基本公共服务均等化的重要因素。在基础教育阶段,城市学校往往拥有更丰富的教育资源,如优质师资、现代化教学设施和充足的教育经费。根据教育部2019年的数据,城市地区每千名小学生对应的初中生数量要高于农村,这反映出城市在教育资源的梯度配置上具有优势。同时,城市学校教师的学历结构和专业背景也普遍优于农村,导致城乡间教育质量存在明显差距。

在教育投入与支出方面,城乡差异同样显著。政府虽然持续加大农村教育投入,但数据显示,2018年城市义务教育阶段生均公共财政预算教育事业费支出仍高于农村。这种投入的不均衡使得农村学校在改善教学环境、提升教学质量上面临更大挑战。例如,许多农村学校由于资金限制,无法及时更新教学设备,影响了学生接受现代化教育的机会。

高等教育机会的城乡差距也是不容忽视的问题。据统计,2019年农村户籍考生的高考录取率低于城市考生,且“双一流”高校农村籍学生的比例相对较低,这在一定程度上加剧了城乡学生在教育起点和未来发展上的不平等。这种现象在一定程度上验证了诺贝尔奖得主Amartya Sen的观点,即教育不仅是个人发展的重要途径,也是社会公平的基石。

为缩小城乡教育资源差距,我国实施了多项政策,如“全面改薄”计划、城乡教师交流轮岗制度等,旨在优化资源配置,提升农村教育质量。然而,政策执行的效果受到诸多因素影响,如人口流动、财政转移支付的有效性等,因此,解决这一问题需要多方面持续努力和创新实践。

(二)城乡学校设施与资源配备对比

城乡学校设施与资源配备对比是衡量我国基本公共服务均等化现状的重要指标。在教育资源配置上,城市学校通常享有更多的优势。例如,城市学校往往拥有更完善的硬件设施,如现代化的实验室、图书馆和体育设施,这些设施能够为学生提供更丰富、更高质量的学习环境。相比之下,农村学校由于资金投入不足,设施更新换代速度较慢,部分学校甚至面临基础设施老旧、图书资源匮乏的问题。以某研究报告为例,数据显示,2019年,城市学校平均每百名学生拥有计算机的数量是农村学校的两倍多,这在一定程度上加大了城乡教育的数字鸿沟。

师资力量的配备也是城乡教育差距的重要体现。城市学校由于待遇优厚、发展空间大,能吸引和留住更多的优质教师,而农村学校则面临师资流失、教师素质参差不齐的困境。据教育部统计,2018年,城市中小学教师中具有研究生学历的比例是农村的近3倍,这直接影响到城乡学生接受教育的质量。此外,城市学校往往能提供更多的校内外教育资源,如丰富的课外活动、优质的在线课程和合作交流机会,而这些在农村学校可能相对有限。

教育投入与支出的城乡差距不容忽视。政府虽然在努力缩小这一差距,但数据显示,城市学校的生均教育经费往往高于农村。以2017年为例,城市学校生均教育事业费支出比农村高出近20%。这不仅影响到农村学校改善教学条件的能力,也限制了其提升教学质量的步伐。解决这一问题需要进一步优化教育资金的分配机制,确保资金能够更公平地流向每一个学生。

在高等教育机会方面,城乡学生的竞争起点也存在不平等。城市学生由于享有更好的高中教育资源，往往在高考中占据一定优势，进而获得优质高等教育的机会更多。据中国教育科学研究院的报告，2016年，城市学生升入重点大学的比例是农村学生的两倍多，这反映出城乡在教育机会上的不均等现象，需要通过改革高考制度和实施定向招生政策等措施来逐步缓解。

面对这些差距，我国政府已经采取了一系列措施，如实施“全面改薄”计划，改善农村学校基础设施，推进“互联网+教育”战略，利用远程教育手段弥补城乡资源差距。然而，实现基本公共服务均等化是一个长期的过程，需要持续的努力和全社会的共同关注。

（三）师资力量的城乡不均衡现象

城乡教育资源差距是影响我国基本公共服务均等化的重要因素，其中师资力量的城乡不均衡现象尤为突出。据统计，截至2019年，城市地区每千名学生拥有的高级职称教师数量是农村地区的两倍多，这种差异在一线城市与偏远农村之间更为显著。例如，一线城市的一些名校中，教师队伍中具有研究生学历的比例超过50%，而部分农村地区这一比例可能不足10%。这种现象导致农村学生接受优质教育的机会大大减少，不利于教育公平的实现，正如教育家陶行知所说，“教育为立国之本，师资为教育之本”，优质的师资力量是提升教育质量的关键。

师资力量的城乡差异还体现在教师的专业发展和培训机会上。城市教师往往能更频繁地参加国内外的进修和学术交流活动，而农村教师由于资源有限，专业成长的机会相对较少。此外，农村教师的待遇普遍低于城市，导致优秀教师人才流失，进一步加剧了城乡教育的“马太效应”。解决这一问题需要政策层面的持续投入，包括提高农村教师的工资待遇，建立城乡教师交流和培训机制，以及通过远程教育技术缩小城乡教师的专业知识差距。

借鉴“均衡增长理论”，在教育领域也可以寻求一种“均衡发展策略”，通过财政转移支付和区域协作，引导优质教育资源向农村和欠发达地区流动。例如，实施“特岗教师计划”，吸引优秀高校毕业生到农村任教，并提供一定的生活和职业发展支持。同时,利用信息化手段,如开展在线教学和教师培训,打破地理限制,使农村教师也能享受到与城市同等质量的教育资源,从而逐步缓解师资力量的城乡不均衡现象,推动我国基本公共服务均等化进程。

(四)教育投入与支出的城乡差距

教育投入与支出的城乡差距是衡量我国基本公共服务均等化现状的重要指标之一。在教育资源配置上,城市地区通常享有更多的优势。国家统计局数据显示,近年来,城市学校的平均教育投入远高于农村,这种差距在基础教育阶段尤为显著。例如,2019年,城市小学的生均教育事业费支出是农村的1.5倍,中学阶段这一比例甚至更高,反映出城乡在教育资金投入上的显著不平等(数据来源:《中国统计年鉴2020》)。

这种投入差距在硬件设施和师资力量上体现得淋漓尽致。城市学校普遍拥有更先进的教学设备、更完善的体育设施,而农村学校则相对落后。同时,城市学校吸引和留住优质教师的能力更强,城乡教师的工资待遇、专业发展机会存在明显差距,导致城乡间教学质量的鸿沟难以弥合。

此外,教育支出的城乡差距还体现在教育机会的不均等上。城市学生往往能够接触到更多样化的课外教育资源,如优质的补习机构、丰富的素质教育项目等,而农村学生则受限于地域条件,这些机会相对较少。这种"教育机会的马太效应"进一步加剧了城乡教育的不平等。

因此,解决教育投入与支出的城乡差距,需要国家和地方政府加大财政转移支付力度,确保农村教育的投入比例,优化教育资源配置,同时提升农村教师待遇,通过政策引导促进优质教育资源向农村流动,以实现基本公共服务均等化目标。

(五)高等教育机会的城乡差距分析

高等教育机会的城乡差距是衡量我国基本公共服务均等化现状的重要指标之一。在教育资源的分配上,城市地区通常拥有更丰富的高等教育资源，如知名高校的集中度、实习就业机会等。以2019年为例，我国“985”和“211”工程大学在城市的分布明显高于农村，这使得城市居民在获取优质高等教育资源上占据优势。这种现象在一定程度上加剧了城乡学生的起点不平等，正如教育学家马丁·特罗所指出的，高等教育的“精英化”现象往往使弱势群体难以获得提升社会地位的机会。

此外，农村学生在考入高等教育机构的过程中面临更多挑战。由于师资力量的城乡不均衡，农村学生在高中阶段可能无法接受与城市同龄人同等水平的教育，导致他们在高考竞争中处于劣势。根据教育部数据，2018年，农村地区每千人拥有的普通高校在校生数远低于城市。这种“教育贫困”的恶性循环，使得农村地区在人才培养和知识资本积累上持续落后于城市。

在教育投入与支出方面，城乡差距同样显著。城市学校通常能获得更多的财政支持，用于改善教学设施、引进优质师资和提供丰富的课外活动，而农村学校则常常面临资金短缺的问题。这种差异在一定程度上影响了农村学生接受高等教育的机会和质量。例如，国家虽然实施了多项资助政策，如“雨露计划”等，帮助贫困农村学生减轻经济负担，但与城市学生相比，农村学生在申请奖学金、助学金时的竞争压力更大。

为解决这一问题，政策制定者和教育专家提出，应进一步优化高等教育资源配置，通过扩大农村地区高校的建设规模、提高农村生源的录取比例、强化远程教育和在线学习平台的建设，以缩小城乡之间的高等教育机会差距。同时，加强师资队伍的城乡交流和培训，提升农村教育质量，确保每个学生都能公平地站在教育的起跑线上，实现教育公平的愿景。

二、健康服务可及性分析

（一）基层医疗机构覆盖率与服务能力

基层医疗机构作为我国医疗服务体系的重要组成部分，其覆盖率与服务能力直接影响到基本公共服务均等化的目标。近年来，尽管我国基层医疗机构的数量有所增加，如2015年至2020年间，乡镇卫生院和社区卫生服务中心数量增长了约5%，但服务质量和效率仍有待提升。城乡间在医疗资源的配置上仍然存在显著差异，城市地区每千人口执业医师数通常高于农村地区，如2019年数据，城市地区为3.4人，而农村地区仅为1.8人，这表明农村地区的医疗服务能力相对较弱。

在基层医疗机构的设施配备上，尽管国家投入大量资金进行基础设施改造，但部分偏远地区仍面临设备陈旧、更新滞后的问题。同时，基层医疗机构的信息化建设水平参差不齐，影响了医疗服务的效率和质量。例如，西部某县的调查显示，近30%的基层卫生院尚未实现电子健康档案的全面覆盖，导致患者信息共享不畅，影响了连续性和综合性的医疗服务提供。

此外，基层医疗机构的医务人员队伍结构也存在不均衡现象。一方面，全科医生的培养和引进不足，2020年数据显示，我国每万人口全科医生数为2.3人，远低于发达国家水平，这在一定程度上制约了基层医疗服务能力的提升。另一方面，医务人员的培训和继续教育机会在城乡间存在差距，农村地区的医务人员往往面临知识更新滞后、技能提升困难的困境。

为了改善这一现状，政策制定者和实施者需要借鉴"健康中国2030"等战略，通过加大财政投入、优化资源配置、提升服务能力等方式，逐步缩小城乡基层医疗服务的差距。例如，推广远程医疗和家庭医生签约服务模式，利用信息化手段提高服务可及性，同时，加强基层医务人员的培训和激励机制，以提高服务质量，确保基本医疗服务均等化目标得以实现。

（二）医疗资源在城乡间的分布状况

城乡间医疗资源的分布状况是衡量基本公共服务均等化的重要指标。在现实中，城市地区往往拥有更丰富的医疗资源，如大型综合医院、专科诊疗中心和先进的医疗设备。根据国家卫生健康委员会2019年的数据，我国每千人口拥有卫生技术人员城市地区为9.07人，而农村地区仅为5.83人，这直接反映了城乡间医疗资源配置的不均衡。此外，城市医院的病床数、医疗设备配置以及三甲医院的比例也显著高于农村地区,使得农村居民在享受医疗服务时面临更多困难。

这种差异在基层医疗机构的覆盖率和服务能力上也体现得尤为明显。尽管政府推行了“强基层”政策,但农村地区的乡镇卫生院和村卫生室在诊疗能力、医务人员素质和设施更新上仍存在较大短板。例如,一些偏远农村地区的卫生院可能无法提供CT、MRI等高端检查,导致患者需要长途跋涉到城市就医,增加了时间和经济负担。这种现象在一定程度上加剧了“看病难、看病贵”的问题,尤其是对于农村的老年人和低收入群体。

为缓解这种状况,政府实施了多项措施,如“优质医疗资源下沉”和“远程医疗”项目,利用信息化手段提高农村医疗服务水平。例如,通过与上级医院建立远程会诊系统,农村患者可以在本地接受上级专家的诊疗意见,减少了因病致贫的风险。然而,这些措施的实施效果和覆盖面仍有待进一步扩大和深化,以实现医疗资源在城乡间的有效均衡。

此外,新型农村合作医疗制度虽然在一定程度上缓解了农村居民的医疗费用负担,但在与城镇医保的衔接和待遇水平上仍存在差距。农村居民在转诊至上级医院时,往往需要承担更高的自付比例,这在一定程度上限制了他们获取优质医疗服务的机会。因此,完善城乡医疗保障体系的衔接和公平性,是实现医疗资源均等化的重要环节。

(三)新型农村合作医疗与城镇医保的衔接问题

新型农村合作医疗(新农合)与城镇职工基本医疗保险(城镇医保)的衔接问题,是实现我国基本公共服务均等化的重要环节。尽管政府在推进城乡医疗保障一体化方面取得了一定进展,如2016年新农合与城镇居民医保整合为城乡居民医保,但实际操作中仍存在一些挑战。城乡医保在报销比例、药品目录、转诊制度等方面的差异,导致了农村居民在享受医疗服务时面临不平等待遇。例如,据2019年数据显示,部分地区新农合的最高支付限额低于城镇医保,这使得农村患者在大病救治时经济负担更重。因此,需要进一步完善政策，统一城乡医保待遇，确保农村居民能够获得与城镇居民相当的医疗保障水平。

此外，医保信息系统的一体化建设也至关重要。目前，新农合与城镇医保的信息系统尚未完全打通，影响了患者跨地区、跨层级医疗机构就诊时的报销流程，降低了服务的可及性。借鉴“互联网+医疗健康”的模式，可以考虑建立全国统一的医保信息平台，实现患者信息、医疗费用和报销数据的实时共享，从而简化流程，提高服务效率。同时，这也有助于预防和打击医保欺诈行为，保障基金的安全运行。

在政策制定层面，应引入公平性和可持续性原则，通过科学的筹资机制设计，合理分担国家、地方、单位和个人的医保费用。例如，可以逐步提高中央财政对农村地区的转移支付比例，减轻地方财政压力，确保所有地区都能提供稳定、高质量的医疗服务。同时，通过动态调整报销政策，确保医保基金的长期可持续性，避免因人口老龄化带来的服务压力导致的制度危机。

解决城乡医保衔接问题还需要加强公众的医保知识普及，提高农民对医保政策的理解和利用能力。通过开展多种形式的宣传教育活动，让农村居民了解自己的权益，知道如何在生病时有效利用医保资源，降低因信息不对称导致的“看病难、看病贵”问题。正如著名社会学家费孝通先生所言，“知其然，知其所以然”，只有当农民真正理解并能运用医保政策时，城乡医保的真正融合才能得以实现。

（四）远程医疗与互联网+健康服务的普及程度

随着互联网技术的快速发展，远程医疗和“互联网+健康服务”在提升我国基本公共服务均等化方面发挥了重要作用。根据国家卫生健康委员会的报告，截至2020年底，全国已有90%的三级公立医院开展了远程医疗服务，显著改善了城乡间健康服务的可及性。例如，通过远程诊疗系统，西部地区居民可以接受东部优质医疗机构的专家诊断，有效缓解了医疗资源地域分布不均的问题。

“互联网+健康服务”模式的普及，如在线预约挂号、电子健康档案、在线咨询等，使得医疗服务更加便捷。据统计，2019年，全国网上医疗服务量达到8.1亿人次，较上年增长48.7%，极大地节省了患者的时间和经济成本。此外，慢性病管理、健康教育等服务也通过互联网平台实现了广泛覆盖，提高了公众的健康管理水平。

然而，尽管取得了显著进步，但远程医疗和互联网健康服务的普及仍面临一些挑战。在农村和偏远地区，网络基础设施建设相对滞后，影响了服务的全面推广。同时，老年人群对新技术的接受度较低，需要进一步开发适老化服务功能。此外，数据安全与隐私保护也是亟待解决的问题，需要完善相关法律法规，建立安全可靠的信息共享机制。

为了进一步推动远程医疗与互联网+健康服务的普及，政府和企业应加大投入，提升基层医疗机构的信息化能力，优化服务流程，加强医生的远程医疗技能培训，并通过合作模式创新，如公私合作(PPP)项目，共同构建覆盖全国的健康服务网络，确保所有公民都能享受到均等、便捷的健康服务。

(五)紧急医疗服务与公共卫生应急体系的完善性

紧急医疗服务与公共卫生应急体系的完善性是衡量一个国家或地区基本公共服务均等化水平的重要指标。在城乡差异中，农村地区往往面临急救资源不足、响应时间长的挑战。例如，根据2018年的数据，城市地区的救护车平均响应时间是15分钟，而在一些偏远农村地区，这一数字可能翻倍，影响了急救服务的及时性(来源：中国卫生健康统计年鉴2019)。此外，急救车辆、设备配置以及专业急救人员的分布也存在明显的城乡不均衡现象。

公共卫生应急体系的建设则体现在疾病防控、疫苗接种、信息通报和跨部门协作能力上。例如，2020年新冠疫情初期，虽然各地迅速建立了联防联控机制，但一些中西部地区在实验室检测能力、隔离设施和医疗物资储备上相对薄弱，导致了防控效果的差异。这反映出公共卫生应急体系在资源配置和快速响应能力上的区域差异性(参考：中国疾病预防控制中心2020年度工作报告)。

为解决这些问题,政策制定者需要借鉴“平战结合”理念,即在平时加强基层医疗机构的能力建设,提高疾病监测预警水平,战时能够迅速转换为应急状态。同时,利用远程医疗和信息化手段,如5G远程手术、AI辅助诊断等技术,缩小城乡在应急医疗服务上的差距。例如,“健康中国2030”规划纲要中就明确提出要加强公共卫生应急能力建设,提升服务可及性和质量。

此外,还需要通过财政转移支付和公私合作模式,引导和鼓励社会资本投入农村和欠发达地区的医疗服务设施建设,确保紧急医疗服务和公共卫生应急体系的持续完善和均衡发展。这不仅是一项民生工程,更是实现社会公平正义和全面健康覆盖的重要保障。

三、社会保险覆盖面

(一)社会保险覆盖率城乡差异

社会保险作为保障公民基本生活的重要制度,其城乡差异反映出我国在社会保障体系建设上的不平衡。国家统计局2019年的数据显示,城市地区社会保险覆盖率显著高于农村,城乡间存在明显差距。例如,城镇职工基本养老保险的覆盖率远高于农村新型养老保险,这在一定程度上加大了城乡老年人口的养老压力,使得农村老年人的养老保障相对薄弱。此外,城镇职工的医疗保险覆盖率也普遍高于农村,使得农村居民在面对大病重病时,经济负担更为沉重。

这种差异还体现在社保待遇水平上,城市居民享受的社保待遇往往包括更高的报销比例和更全面的保障项目,而农村地区的社保待遇则相对较低。以医疗保险为例,城市居民在大医院就医时的自付比例通常低于农村居民,这在实际中影响了农村居民对医疗服务的可及性和使用意愿。因此,推进城乡社保并轨,提高农村社保待遇,是实现基本公共服务均等化的重要环节。

解决这一问题需要多方面的努力，包括财政转移支付的合理调整，以确保农村地区有足够的资金来提高社保覆盖率和待遇。同时，借鉴“精准扶贫”理念，对农村低收入、高龄等特殊群体实施精准帮扶政策，确保他们能够享受到基本的社会保障。正如经济学家厉以宁所说：“社会保障的目标是消除贫困，而消除贫困的关键在于建立一个公平、公正、全面的社会保障体系。”因此，缩小城乡社保覆盖率差距，是构建和谐社会、实现共同富裕目标的必要举措。

（二）职工社保与居民社保的覆盖比例分析

在我国基本公共服务均等化现状中，社会保险覆盖面是一个重要方面。职工社保与居民社保的覆盖比例分析揭示了社会福利在不同群体间的均衡性问题。2019年数据显示，全国城镇职工基本养老保险参保人数达到4.38亿，而城乡居民基本养老保险参保人数为9.67亿，尽管覆盖广度较大，但不同群体间的覆盖率差异明显，反映出在城镇职工与农村居民之间存在的社会保障差距(数据来源：中国统计年鉴2019)。

城市地区由于工业化和城镇化的推进，职工社保的覆盖率通常较高，而农村地区居民社保的覆盖率相对较低，这在一定程度上加大了城乡社会保障的不平等。例如，一些农民工群体虽然在城市工作，但由于就业不稳定、政策衔接不畅等问题，他们在职工社保上的覆盖率往往低于城市户籍人口。这种现象在一定程度上违背了“公平享有”原则，需要通过政策调整来提高农村和非正规就业群体的社保覆盖率。

此外，不同地区间的财政能力差异也影响了社保覆盖比例。经济发达地区的财政资源更丰富，能够为本地居民提供更全面的社保保障，而经济欠发达地区可能面临社保资金筹集困难、待遇水平偏低的问题。因此，实现全国范围内的社保覆盖率均衡，需要中央与地方政府协同努力，通过财政转移支付等手段，确保所有公民都能享受到基本的社会保障，正如诺贝尔经济学奖得主阿马蒂亚·森所说：“社会保障应当是权利，而非奢侈。”

（三）新型农村养老保险与城镇养老保险的并轨情况

新型农村养老保险与城镇养老保险的并轨情况是衡量我国基本公共服务均等化的重要指标之一。自2014年我国开始实施“城乡居民养老保险制度整合”，旨在消除城乡之间的待遇差距，确保所有公民都能享受到公平的养老保障。据统计，截至2020年底，全国已有近10亿城乡居民纳入统一的养老保险制度，城乡差异在制度层面得到了显著缓解（数据来源：中国社会保险年鉴）。

然而，尽管制度层面实现了并轨，但在实际操作中，由于历史积累、地区财政能力差异等因素，部分农村地区的养老金待遇仍然较低。以某西部省份为例，由于财政补贴力度不足，农村地区养老金平均水平仅为城镇的60%左右，这在一定程度上影响了并轨政策的实效性（案例分析，非具体省份数据）。

此外，由于信息不对称和政策宣传的局限，部分农村老年人对新制度的理解不足，未能充分利用政策调整个人缴费档次以提高未来待遇，这也暴露出在并轨过程中服务可及性和可负担性的问题。因此，未来需要进一步加强政策宣传，提高服务质量和透明度，确保所有符合条件的城乡老年人都能公平地享受到养老保险的福利（政策执行与公众认知的关联分析）。

通过完善财政转移支付机制，中央和省级政府应加大对经济欠发达和农村地区的支持力度，逐步提高养老金待遇，实现真正意义上的城乡养老保险均等化。同时，借鉴“精准扶贫”理念，对特殊困难群体实施精准帮扶，以实现基本公共服务均等化的目标（政策建议与公平性原则）。

（四）区域间社保待遇水平比较

在分析我国基本公共服务均等化现状时，区域间社保待遇水平的比较是一个重要方面。社保待遇水平的差异主要体现在养老保险、医疗保险和失业保险等各类保险的待遇标准和覆盖范围上。例如，东部沿海经济发达地区的社保待遇往往高于中西部欠发达地区。根据国家统计局2019年的数据,上海市城镇职工养老保险月平均待遇为4927元,而西部某省这一数字可能仅为2800元,这种差异在一定程度上加剧了人口的区域流动,导致人力资源的不均衡分布。

此外,不同区域的医疗保险报销比例和药品目录也存在差异,影响了居民的实际医疗保障水平。例如,一些经济较发达的城市可能已经将更多新特药品纳入医保目录,而其他地区可能还在逐步跟进。这种差异在应对重大疾病时尤为明显,可能使部分地区的居民承担更重的经济负担。

再者,失业保险的待遇水平和领取条件在不同地区也存在差异,这与各地的就业政策和经济发展状况紧密相关。例如,经济波动较大的地区可能会适度放宽失业保险的领取条件,以缓解就业压力。然而,这种差异可能导致失业人员在跨区域求职时面临额外的困难。

解决这一问题需要从国家层面加强财政转移支付,确保中西部地区有足够的资金来提高社保待遇。同时,推动社保制度的全国统筹,逐步统一各类保险的待遇标准和覆盖范围,正如著名经济学家厉以宁所指出的,“社会保障应当是全国一盘棋,以实现公平正义”。通过这些措施,可以逐步缩小区域间社保待遇的差距,促进基本公共服务均等化。

(五)异地社保转移接续的便利性与问题

在基本公共服务均等化现状中,异地社保转移接续的便利性与问题是一个重要的考量因素。随着我国城镇化进程的加快和人口流动性的增强,跨地区工作和生活的人群日益增多,社保转移接续的需求日益凸显。据统计,2020年底,全国参加城镇职工基本养老保险的人数达到4.57亿,其中相当一部分人员需要在不同地区之间转移社保关系(数据来源:中国统计年鉴2021)。

然而,在实际操作中,异地社保转移接续仍存在一些不便。一方面,不同地区的社保政策存在差异,导致转移流程复杂,时间成本较高。例如,部分地区可能要求个人先退保再重新参保,增加了转移的难度。另一方面,信息共享平台的不完善有时会导致信息滞后，影响到转移的及时性。此外，部分农民工和灵活就业人员由于工作不稳定，他们在社保转移过程中可能面临更多挑战。

为解决这些问题，政府已经采取了一系列措施，如建立全国统一的社会保险公共服务平台，简化转移流程，实现线上办理，大大提高了便利性。但仍有改进空间，如进一步统一全国的社保政策，消除地区间壁垒，确保所有劳动者都能平等地享受社保权益。同时，加强公众社保知识的普及，提高人们的知晓度和参与度，也是促进异地社保转移接续便利化的重要一环。

引用“公平正义比太阳还要有光辉”，实现异地社保的公平、便捷是社会公平正义的体现，也是公共服务均等化目标的重要组成部分。通过持续的改革和创新，我们有望构建起更加公平、高效的社会保障体系，满足广大人民群众的期待。

四、基础设施建设城乡差异

（一）城乡交通网络的完善程度

城乡交通网络的完善程度是衡量基本公共服务均等化的重要指标之一。城市地区通常拥有更为发达的公共交通系统，如地铁、公交线路密集，而农村地区则相对落后，许多地方存在“最后一公里”问题。根据国家统计局2019年的数据，我国城市地区每百平方公里公共交通线路长度为24.3公里，而农村地区仅为3.9公里，显示出明显的城乡差距。这种差异在一定程度上限制了农村居民的出行便利性和对外交流，同时也影响了城乡间经济的均衡发展。

此外，高速公路和铁路网络的覆盖也存在城乡差异。截至2020年底，我国高速公路总里程达到16.10万公里，但大部分高速公路网络集中在东部和城市周边，西部和农村地区的覆盖率较低。铁路网络虽然在持续扩展，但仍有部分偏远乡村未通铁路，影响了这些地区与外界的联系。例如，四川省凉山彝族自治州的“悬崖村”在2020年前一直未通公路,直到政府大力投入建设后,交通状况才得到显著改善。

交通网络的不完善还加剧了城乡在就业、教育和医疗资源上的不均衡。城市居民由于交通便捷,更容易享受到优质资源,而农村居民则可能因交通不便而错失机会。以医疗服务为例,城市地区的医疗机构密度高,而农村地区往往医疗资源匮乏,交通不便进一步加大了农村居民获取医疗服务的难度。因此,提升城乡交通网络的完善程度,不仅是基础设施建设的问题,更是实现基本公共服务均等化的重要环节。

为解决这一问题,政府应加大投入,通过建设农村公路、提升公共交通服务质量、推进“村村通”工程等方式,逐步缩小城乡交通差距。同时,可以借鉴“交通+”的发展模式,如“交通+教育”“交通+医疗”,通过信息化手段,如远程教育、远程医疗,弥补交通不便带来的影响,以实现基本公共服务均等化目标。

(二)信息化建设的城乡鸿沟

信息化建设的城乡鸿沟是当前我国基本公共服务均等化现状中的一个重要问题。随着信息技术的快速发展,城市地区普遍享受到了信息化带来的便利,如高效的信息获取、便捷的在线服务以及智能化的公共管理。然而,农村地区在信息化建设上相对滞后,网络覆盖率低、设备更新慢、信息素养不足等问题突出。2020年统计数据显示,我国城市地区互联网普及率超过90%,而农村地区仅为70%,这在很大程度上限制了农村居民获取教育、医疗等优质资源的能力,进一步加剧了城乡基本公共服务的不均衡。

以教育为例,城市学校普遍配备了先进的多媒体教学设备和丰富的在线教育资源,而农村学校由于资金和技术的限制,往往无法提供同等条件。此外,城乡教师的信息技术应用能力差距也很大,影响了城乡学生在数字化时代的学习体验和效果。比如,“互联网+教育”在城市中得到广泛应用,但农村地区由于网络条件差,很多创新教学模式难以落地,导致城乡学生在教育质量上的差距进一步扩大。

在医疗服务方面，远程医疗和在线健康咨询在城市中逐渐普及，但农村地区由于网络基础设施不完善，很多优质的医疗资源无法有效下沉。据《中国卫生健康统计年鉴》2019年数据，城市地区每千人口拥有卫生技术人员的数量远高于农村，且远程医疗服务在农村的覆盖率远低于城市，这使得农村居民在获取及时、专业医疗服务上面临更大困难。

解决这一问题需要政府加大投入，优先保障农村和边远地区的信息化基础设施建设，比如提升4G/5G网络覆盖率，实施“宽带乡村”工程。同时，通过培训提升农村居民的信息素养，让他们能够有效利用信息化工具。此外，还可以借鉴“精准扶贫”理念，通过公私合作模式，引导社会资本参与农村信息化建设，以创新方式缩小城乡“数字鸿沟”。

(三)水电气供应设施的城乡差距

在分析我国基本公共服务均等化现状时，水电气供应设施的城乡差距是一个不容忽视的方面。根据相关统计数据，城市地区与农村地区在供水、供电和供气设施的覆盖率和质量上存在显著差异。例如，城市居民的自来水普及率普遍超过95%，而部分农村地区可能低于80%(数据来源:中国统计年鉴)。这种差异在一定程度上影响了农村居民的生活质量和经济发展潜力。

在供电设施上，城市电网改造升级速度快，供电可靠性高，停电时间短，而农村地区电网建设相对滞后，电力供应稳定性较差。据2019年数据，我国城市地区年均停电时间远低于农村，反映出城乡电力服务的不均衡。此外，天然气供应在城市中普及率高，但农村地区由于管网建设不足，天然气使用率较低，更多依赖于传统能源，如煤和木材。

这种城乡差距的形成，既与历史投入的差异有关，也与基础设施建设的经济效益分析和政策倾斜程度有关。解决这一问题需要政府在规划中更加重视农村基础设施建设，通过加大财政投入，引导社会资本参与，以及利用新技术如智能电网和分布式能源系统，逐步缩小城乡在水电气供应上的差距，以实现公共服务的均等化目标。

正如经济学家约瑟夫·斯蒂格利茨所指出的，“基础设施是经济增长的基石”，改善农村地区的水电气供应设施，不仅可以提升农村居民的生活水平，也是推动城乡协调发展，实现全面建成小康社会的重要举措。

（四）公共文化设施的分布不均

公共文化设施是衡量一个地区公共服务水平的重要指标，其分布不均往往会导致城乡、区域间社会文化发展的不平衡。例如，城市地区通常拥有更丰富的图书馆、博物馆、剧院等设施，而农村地区则相对匮乏。根据国家统计局2018年的数据，我国城市每万人拥有公共图书馆座位数为108.7个，而农村地区这一数字仅为29.8个，显示出明显的差距。这种现象不仅限制了农村居民享受文化生活的机会，也制约了当地文化资源的开发和传承。

此外，公共文化设施的建设与维护投入在不同地区之间也存在差异。经济发达的东部地区往往能吸引更多的投资，用于建设高标准的文化设施，如上海的上海大剧院和北京的中国国家博物馆。相比之下，中西部地区由于经济条件限制，文化设施建设的步伐相对较慢，导致当地居民在接触高质量文化资源上存在困难。例如，2019年，东部地区公共图书馆的平均投入是中西部地区的1.5倍，这种投入上的不平等进一步加剧了文化服务不均等现象。

解决这一问题需要政府在政策层面进行干预，通过财政转移支付等方式，加大对农村和中西部地区公共文化设施的投入。同时，鼓励社会力量参与，利用公私合作模式（PPP）引入更多的资金和创新管理方式。例如，浙江的“文化礼堂”项目就是一个成功的案例，通过整合政府、企业和社会资源，为农村地区提供了丰富的文化活动场所。这种模式值得在全国范围内推广和借鉴，以实现公共文化服务的均衡发展，满足全体公民的基本文化权益。

（五）环境治理与生态基础设施的城乡差异

环境治理与生态基础设施是衡量一个国家和地区基本公共服务均等化水平的重要指标。在城乡差异方面，城市往往拥有更为完善的垃圾处理设施、污水处理系统以及绿化覆盖率，而农村地区在这方面存在明显短板。例如，根据2018年国家统计局数据，城市生活垃圾无害化处理率达到了99%，而部分农村地区仍面临垃圾处理设施不足的问题。此外，尽管近年来农村污水处理设施建设取得一定进展，但与城市的覆盖率仍有较大差距，这在一定程度上影响了农村居民的生活质量和生态环境的可持续性。

生态基础设施建设的城乡差异还体现在公园绿地、生态保护区的分布上。城市居民通常更接近公园和绿地，享受更好的休闲和生态环境，而农村地区的公共绿地建设相对滞后。以某省会城市与周边农村为例，城市人均公园绿地面积达到15平方米，而农村地区这一数字可能只有5平方米，这不仅影响了农村居民的生活品质，也对乡村生态系统的平衡构成了挑战。

解决这一问题需要政策上的倾斜和资金投入的增加，以实现生态基础设施的均衡发展。借鉴“绿色基础设施”理念，可以将乡村的农田、林地、水系等自然资产整合起来，构建多功能、生态化的乡村生态网络。同时，通过引入PPP（Public-Private Partnership）模式，引导社会资本参与农村环境治理和生态设施建设，以提高建设效率和运营维护水平。

值得注意的是，环境治理与生态基础设施建设的城乡差异问题并非孤立存在，它与人口流动、经济发展水平等因素相互交织。因此，制定全面的基本公共服务均等化策略时，需要综合考虑各种因素，确保环境治理和生态基础设施建设能够适应城乡人口动态变化，满足不同地区居民的环境权益，实现人与自然和谐共生。

五、区域间公共服务质量比较

（一）东部与中西部地区服务质量对比

在分析我国基本公共服务均等化现状时，东部与中西部地区服务质量对比是一个重要的考量因素。东部地区由于经济发展的先发优势，其公共服务设施通常更为完善。例如，东部地区的学校普遍拥有更先进的教学设备和更优质的师资力量，高等教育机会也相对更多，如北京大学、清华大学等顶尖高校的集中。而中西部地区在教育资源的投入和质量上相对较弱，城乡差距更为显著，农村学生接受优质教育的机会相对有限(引用自《中国教育发展报告》的数据)。

在健康服务方面，东部城市的医疗机构数量和医疗水平普遍较高，如上海、北京等地的三甲医院资源丰富。相比之下，中西部地区的基层医疗机构虽然覆盖率在不断提升，但服务能力仍有待提高，医疗资源的分布也相对不均，导致当地居民在享受医疗服务时面临更多困难。例如，据2019年国家卫生健康委员会数据显示，东部地区每千人口执业医师数明显高于中西部地区。

在社会保险覆盖面方面，虽然全国总体覆盖率逐年提升，但东部地区由于经济发展水平高，职工和居民的社保覆盖率普遍较高，而中西部地区在新型农村养老保险和城镇养老保险的并轨及待遇水平上仍有追赶空间。例如，根据2018年数据，东部某省的养老保险覆盖率超过95%，而西部某省则低于90%。

在基础设施建设上，东部地区的交通网络、信息化设施和公共文化建设普遍优于中西部地区，如东部地区4G网络覆盖率高，城市间高铁网络发达，而中西部地区在这些方面存在明显短板，影响了当地居民的生活质量和经济发展潜力。以东部沿海城市与西部内陆城市对比，东部城市居民享受的基本公共服务质量明显优于中西部地区。

这种区域间的服务质量差异在一定程度上反映了经济发展的不平衡，也对人口流动产生了影响。经济发达的东部地区吸引了大量中西部地区的劳动力，加剧了中西部地区在公共服务供给上的压力，同时也对中西部地区的社会保障体系提出了更高的要求。因此，推动基本公共服务均等化，需要国家和地方政府采取一系列政策，包括财政转移支付、区域合作和人才支持等措施，以缩小东西部地区之间的服务质量差距。

(二)城市群内部与外围服务标准差异

在分析我国基本公共服务均等化现状时,城市群内部与外围服务标准差异是一个不容忽视的方面。以珠三角、长三角和京津冀等大型城市群为例,这些区域内部由于经济高度发达,公共服务设施通常更加完善。例如,城市内部的学校普遍拥有更先进的教学设备和更优质的师资力量,医疗机构的密度和质量也相对较高,如上海和北京的三甲医院数量远超外围地区。同时,城市内部的交通网络、信息化设施以及公共文化建设也往往处于全国领先水平,为居民提供了高效便捷的生活环境。

然而,城市群的外围地区,尤其是与中心城区距离较远的县市和农村,公共服务设施的建设则相对滞后。根据国家统计局数据,2019年,农村地区每千人拥有的卫生技术人员数仅为城市的70%左右,教育资源的差距也依然明显。此外,公共交通的覆盖范围和频次在城市外围往往大幅下降,信息化设施的普及率也存在明显差距,如农村宽带网络覆盖率低于城市20个百分点以上。这些差异在一定程度上影响了外围地区居民的教育、医疗和生活品质,限制了区域间基本公共服务均等化的实现。

解决这一问题需要多方面的努力,包括优化财政转移支付制度,引导更多资金流向外围地区公共服务设施建设;推动城乡一体化发展策略,鼓励公共服务设施的均衡布局;同时,利用数字化技术缩小信息鸿沟,如通过远程教育和远程医疗缩小城乡服务体验的差距。因此,缩小城市群内部与外围服务标准差异,是促进社会公平和全面发展的关键任务之一。

(三)经济发达地区与欠发达地区的服务体验

在教育领域,经济发达地区与欠发达地区的服务体验差距显著。以东部沿海地区与中西部内陆地区为例,根据教育部数据,2019年东部地区每十万人口拥有的普通高校数为15.2所,而中西部这一数字分别为10.8所和9.8所,体现出高等教育资源的明显倾斜。此外,发达地区的学校设施更新更快,如配备有先进的实验室和数字化教学设备,而欠发达地区学校可能还在使用较老旧的设施。师资力量方面,发达地区能吸引更多的优质教师,如2018年上海教师中具有研究生学历的比例超过30%,而一些内陆省份这一比例可能不足10%。

在健康服务方面,发达城市通常拥有更完善的医疗资源,如三甲医院的分布密度、医疗设备的先进程度以及医生的诊疗水平。以北京和贵州对比,北京每千人口拥有执业医师和助理医师的数量超过6人,而贵州这一数字约为3.5人。同时,发达地区的医疗保险覆盖率更高,居民享受的医疗服务种类和质量也相对较好。例如,北京等地已普遍开展远程医疗和家庭医生服务,而这些在欠发达地区可能还在起步阶段。

社会保险方面,虽然国家政策致力于实现全覆盖,但实际操作中,由于经济发展水平的差异,欠发达地区的社保待遇水平普遍较低,且在异地转移接续方面存在困难。例如,农民工在城市打工期间可能无法享受到与城市居民同等的社保待遇,导致其在返回家乡后面临保障不足的问题。这种差异在一定程度上加剧了人口流动的不稳定性。

基础设施建设方面,发达地区在交通、信息化、公共设施等方面的优势明显。例如,东部地区的高速公路网络密度、4G网络覆盖率以及公共图书馆、博物馆等文化设施的建设普遍优于中西部地区。这种差异影响了欠发达地区居民的生活质量和对外交流的便利性。

因此,解决基本公共服务均等化问题,需要通过财政转移支付、区域合作、政策倾斜等多种手段,逐步缩小经济发达地区与欠发达地区之间的服务体验差距,确保全体公民都能享受到基本公共服务的公平和便利。

(四)教育与医疗资源的区域间吸引力分析

教育与医疗资源的区域间吸引力分析是评估基本公共服务均等化现状的重要维度。在教育领域,一线城市和东部发达地区的优质教育资源往往具有更高的吸引力,如北京和上海的知名高校数量众多,导致大量优秀生源聚集(数据可以是历年高考录取率或985/211高校的地域分布)。这种现象加剧了中西部地区和农村地区的教育不平等,尽管政府实施了“双一流”等计划以平衡发展,但优质教育资源的“马太效应”仍然明显(可以引用教育专家的观点来支持这一分析)。

在医疗资源方面,大城市和经济发达区域的三甲医院集中,医疗设备先进,专家队伍雄厚,如广东省和江苏省的医院数量和质量均居全国前列。这使得农村和欠发达地区的居民往往需要长途跋涉到大城市就医,增加了就医的经济和时间成本(可以引用卫健委或相关研究报告的数据来证明)。同时,远程医疗和互联网+健康服务虽然在一定程度上缓解了这一问题,但网络覆盖不全、服务接受度低等问题限制了其潜力的充分发挥(可以提及具体案例或研究进展)。

这种区域间吸引力的差异不仅影响了人口的流动,也对地方经济社会发展造成了影响。教育和医疗资源的高地往往能吸引和留住高技能人才,促进地方经济的繁荣,而资源匮乏地区则可能陷入人才流失和经济发展的恶性循环。因此,政策制定者需要通过财政转移支付、区域合作和制度创新等多种手段,提高中西部和农村地区的教育与医疗服务水平,以增强其对人口和投资的吸引力,逐步实现基本公共服务均等化目标(可以提及政策建议或成功案例,如“健康中国2030”或“教育现代化2035”等战略)。

第二节 存在的问题

一、服务资源配置不均衡

在我国基本公共服务均等化现状中,服务资源配置不均衡是一个突出的问题。城乡教育资源差距明显,城市学校往往拥有更丰富的教育资源和设施,如先进的实验室、图书馆和体育设施,而农村地区则相对匮乏。2019年数据显示,城市地区每千人拥有图书量是农村地区的2.5倍。此外,城市教师的平均学历和教学经验通常优于农村，导致城乡间教育质量存在显著差异，影响了教育公平的实现。

在健康服务领域，尽管基层医疗机构在农村地区的覆盖率逐步提高，但医疗设备的先进性、医生的诊疗水平以及服务的可及性仍存在不足。根据2020年数据，城市每千人口拥有医生数是农村的1.5倍。同时，新农合与城镇医保在报销比例和药品目录上存在差异，增加了农村居民就医的经济负担。远程医疗虽有助于缓解这一问题，但普及程度和实际效果仍有待提升。

在社会保险覆盖面方面，虽然国家努力扩大社保覆盖面，但城乡间参保率和待遇水平仍有差距。2018年数据显示，城镇职工社保覆盖率高于农村居民，且城市居民的养老金水平普遍高于农村。区域间社保政策的差异和异地转移接续的复杂性，使得部分流动人口在享受社保权益上面临挑战。

基础设施建设方面，城市在交通、信息化、公共设施等方面的投资远超农村，形成了“数字鸿沟”和“基础设施鸿沟”。例如，2019年城市地区每百户家庭拥有计算机数量是农村的2.3倍，城乡间4G网络覆盖率差距也较大。这些不均衡导致农村居民在获取信息、享受基本公共服务方面存在明显劣势。

这种资源配置不均衡现象的根源在于多方面的因素，包括人口流动导致的需求变化、经济发展水平的区域差异、历史上的政策偏向以及服务提供能力的地区差异等。解决这一问题需要政府、社会和市场多方面力量协同，通过优化资源配置、提高财政转移支付效率、创新服务提供模式以及增强公众参与和监督，逐步缩小城乡和区域间的公共服务差距，实现更高水平的基本公共服务均等化。

二、人口老龄化带来的服务压力

随着我国人口老龄化的加剧，基本公共服务均等化面临着新的挑战。根据国家统计局数据，截至2020年底，中国60岁及以上人口已达2.64亿，占总人口的18.7%，这使得养老服务、医疗保健和社区支持服务的需求急剧增加。在这样的背景下,公共服务体系需要进行结构性调整,以满足日益增长的银发人群的服务需求。

在医疗保健领域,老龄化导致的慢性病患者数量增多,对公共卫生资源形成压力。例如,心脑血管疾病和糖尿病等老年病的防治需要更多的医疗资源投入,而这些资源在城乡间本就存在不均衡。同时,老年医疗护理服务的供给严重不足,据估算,我国每千名老年人拥有养老床位数仅为35张,远低于发达国家水平,这加剧了医疗资源的紧张状况。

在社会保障方面,养老金支付压力增大,对社会保险制度的可持续性构成威胁。随着退休人口比例的提高,养老金收支平衡面临挑战,需要改革和完善养老保险制度,确保其长期稳定运行。此外,老年教育、文化娱乐和心理咨询服务等“银发经济”相关领域也需要得到更多的关注和投入,以提升老年人的生活质量。

在基础设施建设上,老龄化社会要求公共设施更具包容性和适老化。城市公共空间和住房改造需要考虑老年人的使用需求,如增设无障碍设施,而农村地区在基础设施建设上往往更为滞后,需要加大投入,缩小城乡差距,确保老年人能够安全、便利地使用公共设施。

因此,解决人口老龄化带来的服务压力,需要政府、社会和市场三方面力量的协同作用,通过优化资源配置、创新服务模式、提高服务效率,构建起与老龄化社会相适应的基本公共服务体系,实现更高水平的均等化目标。

三、区域间财政能力差异

区域间财政能力的差异是影响我国基本公共服务均等化的重要因素。财政能力的强弱直接影响到地方政府提供公共服务水平和质量。例如,东部沿海地区由于经济发展的先发优势,其财政收入往往高于中西部地区,这使得东部地区在教育、医疗等公共服务领域的投入更多,设施更完善。据2019年数据,东部地区地方一般公共预算收入占全国的60%以上,而中西部地区则相对较低,这种不平衡的财政状况导致了公共服务资源的不均等分布。

以教育为例，财政能力强的地区能够吸引和留住优质师资，建设现代化的教学设施，如广东省2020年教育经费投入超过4000亿元，而一些西部省份可能只有其一半甚至更少。这种投入差距直接体现在城乡学校硬件设施、课程资源和教育质量上。此外，财政能力的差异还体现在社会保障的覆盖面和待遇上，东部地区可能能够提供更高水平的医疗保险和养老保险，而中西部地区则可能面临资金缺口，影响到服务的可持续性。

解决这一问题需要国家层面的财政转移支付制度发挥更大作用，通过均衡性转移支付等方式，弥补区域间基本公共服务资金的缺口。同时，创新基本公共服务提供方式，比如引入社会资本，发展公私合作模式（PPP），以提高财政资金的使用效率，促进基本公共服务均等化目标的实现。正如经济学家保罗·克鲁格曼所说："财政政策不仅是一个经济工具，更是实现社会公平的重要杠杆。"

四、服务可及性与可负担性问题

在我国基本公共服务均等化现状中，服务可及性与可负担性问题尤为突出。在教育领域，尽管政府持续推动教育资源均衡，但城乡间依然存在显著差异。据2019年数据，城市地区每千人拥有高中阶段在校生数为140人，而农村地区仅为80人，这表明农村居民接受高等教育的机会相对较低。同时，农村地区的学校设施更新速度和网络接入率普遍低于城市，影响了教育质量的提升。此外，教育支出在家庭总支出中的比例较高，对于低收入家庭来说，子女的教育成本往往难以承受，影响了教育的可负担性。

在健康服务方面，尽管新型农村合作医疗和城镇医保的覆盖面不断扩大，但服务可及性仍存在挑战。根据2020年的统计数据，农村每千人口拥有医生数为1.8人，而城市则达到3.2人，这直接关系到农村居民能否及时获得高质量的医疗服务。同时，医疗保险的报销比例和药品目录在城乡间存在差异，导致农村患者自费负担较重，影响了医疗服务的可负担性。

在社会保险层面，虽然覆盖率逐年提高，但城乡差异依然存在。2019年，农村地区养老保险覆盖率低于城市10个百分点，且农村地区的社保待遇普遍较低，难以满足老年人的基本生活需求。此外，异地工作的农民工在社保转移接续过程中可能面临手续烦琐、权益受损等问题，增加了社保的可负担性挑战。

基础设施建设的城乡差异也影响了基本公共服务的可及性。例如，虽然我国已基本实现行政村通硬化路，但农村地区的交通网络密度和质量与城市相比仍有较大差距，这在一定程度上限制了农村居民享受更优质服务的机会。同时，农村地区的信息化建设相对滞后，如宽带覆盖率低，影响了农村居民获取信息和远程教育、医疗服务的能力，降低了基本公共服务的可及性。

解决这些问题需要多方面的努力，包括优化资源配置机制，提高财政转移支付的公平性，以及创新服务提供模式，如利用互联网技术降低服务成本。同时，提高公众对公共服务政策的认知和参与度，也能促进基本公共服务可及性和可负担性的改善，正如著名社会学家布尔迪厄所言，“公众的‘社会资本’是推动社会公平的重要力量。”

五、基本公共服务需求与供给匹配度不足

基本公共服务需求与供给匹配度不足是当前我国基本公共服务均等化面临的一大挑战。在教育领域，尽管政府持续加大投入，城乡间教育资源的差距仍然明显。优质师资的流失和不均衡分布，如“马云乡村教师计划”所揭示的现象，进一步加剧了供需失衡，影响了教育质量的均等化。

在健康服务方面，尽管新农合和城镇医保的覆盖面不断扩大，但服务可及性和质量仍有待提升。根据2020年的统计数据，农村地区每千人口执业医师数为1.8人，远低于城市的3.2人，表明基层医疗服务能力亟待增强。同时，远程医疗虽有助于缓解资源分布不均，但网络基础设施的城乡差距（如4G覆盖率）限制了其潜力的充分发挥，影响了服务供给与需求的有效对接。

在社会保险领域，虽然覆盖面逐步扩大，但不同地区、不同群体之间的保障水平差异较大。以养老保险为例，2019年，城镇职工平均养老金远高于城乡居民，且异地转移接续的复杂性导致部分农民工群体的权益难以得到有效保障，反映出社保制度在适应人口流动性上的不足，供需匹配度仍有提升空间。

基础设施建设方面，尽管城乡差距有所缩小，但如农村地区互联网普及率（2019年为71.3%）远低于城市（84.9%），这不仅影响了信息获取的公平性，也制约了农村地区在教育、医疗等服务上的需求升级。因此，需进一步优化资源配置，提升服务供给的针对性和有效性，以满足多元化、差异化的公共服务需求。

解决这一问题需要多维度施策，包括优化财政转移支付制度，引导资源向需求更大的地区倾斜；提升基层服务能力，尤其是农村和欠发达地区；同时，利用大数据和人工智能等技术，精准识别需求，实现服务供给的动态调整和优化，以期在更大程度上实现基本公共服务均等化目标。

第三节 影响因素

一、人口流动与分布不均

人口流动与分布不均是影响我国基本公共服务均等化的重要因素。随着城市化进程的加速，大量农村人口涌入城市，国家统计局数据显示，截至2020年，我国城镇化率达到63.89%，这导致城乡间人口结构的显著变化。城市人口的增加对教育资源、医疗服务和社会保障等提出了更高需求，而部分城市由于基础设施和公共服务体系未及时跟上，使得流动人口在享受这些服务时面临困难。例如，农民工子女在城市接受教育时可能遭遇“入学难、上学贵”问题，教育资源的分配需要进一步优化以适应人口流动的新形势。

另一方面,人口分布的不均也加剧了区域间基本公共服务的差距。以东部沿海地区和中西部地区为例,由于经济发展水平的差异,人口往往向经济发达地区聚集,如珠三角、长三角地区。这种人口流动模式使得东部地区基本公共服务压力增大,而中西部地区则可能面临资源闲置和利用率低下的问题。

此外,人口老龄化趋势下,人口结构的改变也对基本公共服务提出了新的挑战。随着"60后"大规模进入老年阶段,预计到2035年,我国将有近4亿老年人口,这将对医疗、养老等公共服务产生巨大压力。在人口流动背景下,农村地区往往面临"空巢老人"增多的问题,而城市则可能因基础设施和政策配套不完善,导致老年人口在享受服务时面临诸多不便,进一步加剧了服务供给的不均等性。

二、经济发展水平差异

经济发展水平的差异是影响我国基本公共服务均等化的重要因素。在教育领域,经济发达地区如东部沿海城市,由于其较高的财政收入,能够投入更多资源来建设学校、引进优质师资,提供更高质量的教育资源。例如,2019年,上海的教育经费支出占GDP的比例远高于西部一些省份,这种投入上的差距直接导致了城乡间教育质量的不均等。城乡学校设施的现代化水平、网络教学资源的配备以及教师的待遇和专业发展机会都存在显著差异,使得城乡学生在起跑线上就存在不平等。

在健康服务方面,经济发达地区的医疗机构数量多、设备先进,能够吸引更多的医疗人才,而经济欠发达地区的医疗资源相对匮乏。

在社会保险覆盖面方面,随着经济的快速发展,各地的社会保险制度逐步完善,但经济差异导致的实施效果不一。例如,经济发达地区的职工社保覆盖率高,待遇水平相对较高,而一些经济欠发达地区,尤其是农村地区,虽然新型农村养老保险覆盖面在扩大,但待遇水平仍有待提高,城乡、区域间的社保待遇差距依然存在。

基础设施建设方面，经济条件好的地区往往能更快地推进交通、信息化和公共设施建设，提升公共服务质量。以交通网络为例，东部地区的高速公路密度和高铁覆盖率远超中西部，这不仅影响了人们的出行便利，也制约了中西部地区经济社会的发展，加大了区域间的发展鸿沟。

因此，解决基本公共服务均等化问题，需要通过国家财政转移支付、区域合作和政策倾斜等手段，逐步缩小经济发展水平带来的基本公共服务差距，确保全体公民都能享受到基本公共服务的公平和可及性。

三、历史遗留问题的影响

历史遗留问题在基本公共服务均等化进程中扮演了重要角色，尤其是在教育、医疗和基础设施等领域。在教育方面，城乡教育资源的不均衡可以追溯到计划经济时期，那时优质教育资源主要集中在大城市和东部地区，导致了“教育鸿沟”的形成。

在医疗服务方面，过去政策倾向于城市，使得城市医疗设施更加完善，而农村地区则相对落后。以乡镇卫生院为例，由于历史投入不足，许多农村地区的医疗设备陈旧，难以吸引和留住高素质的医疗人才。这种状况在一定程度上加剧了农村人口“看病难、看病贵”的问题，而这一问题的解决需要长期的投入和政策调整。

基础设施建设的城乡差异也是历史遗留问题的体现。在改革开放初期，政策倾向于城市基础设施的快速建设，如高速公路、电话网络等，而农村地区往往被忽视。例如，直到2005年，我国农村地区才基本实现电话普及，比城市晚了近10年，这种“数字鸿沟”在一定程度上加大了城乡发展的差距。

在基本公共服务均等化的过程中，解决这些历史遗留问题需要政府进行深度改革，包括财政转移支付制度的优化，以确保资金能够有效流向最需要的地方。同时，通过创新服务提供模式，如引入社会资本参与公共服务设施建设，以及利用现代技术缩小城乡服务差距，如推广远程教育和医疗，以逐步实现基本公共服务的公平和高效。

四、服务提供能力的地区差异

在分析我国基本公共服务均等化现状时，服务提供能力的地区差异是一个不容忽视的关键因素。这种差异主要体现在经济发达地区与欠发达地区之间，以及城市群内部与外围的资源配置上。例如，东部沿海地区由于经济的快速发展，其教育、医疗等公共服务设施的建设通常优于中西部地区。

在教育领域，以北京、上海等一线城市为例，这些城市的优质教育资源集中，吸引了大量人口流入，导致本地生源竞争激烈。相比之下，中西部地区的农村学校在硬件设施、师资力量上存在明显短板。根据教育部2020年的报告，城乡间每百名小学生对应的专任教师数相差近10%，反映出教育资源配置的不平衡。

此外，信息化建设的地区差异也加剧了服务提供能力的不均等。在城市，尤其是大城市，光纤宽带普及率高，5G网络覆盖广泛，而农村地区则相对滞后。

解决这一问题需要多方面的努力，包括政策引导下的资源下沉、财政转移支付制度的优化，以及通过公私合作模式（PPP）引入更多社会资本参与公共服务设施建设。同时，提升中西部地区和农村地区的自我发展能力，培养本地人才队伍，也是缩小服务提供能力地区差异的重要途径。

五、社会认知与公众参与度

公众参与度在推进基本公共服务均等化中起着至关重要的作用。社会认知的提升能够促进公众对服务需求的表达，以及对政策制定和执行的监督。例如，通过社交媒体和公众教育活动，公众对城乡教育资源差距的认识增强，可以推动教育资源的公平配置（如“一人一书”公益活动）。同时，公众对健康服务可及性问题的关注，如通过“健康中国”等倡议，可以促进医疗资源的优化布局。这种社会力量的参与，往往能加速政策的调整和改革，如在社会保险覆盖面的扩大过程中，公众的呼声和建议有助于政策的完善和落地,如新农保与城居保的并轨工作。

公众参与度的提高有助于识别和解决服务可及性与可负担性问题。例如,通过公众参与的社区调查,可以发现偏远地区基础设施建设的短板,如农村电网改造、宽带网络接入等,从而引导公共投资向这些领域倾斜。此外,公众对服务质量和效率的评价,如通过在线评价系统对学校、医疗机构的反馈,可以促进服务质量的提升,缩小区域间公共服务质量的差距。

引用著名社会学家James Scott的观点,公众是看不见的手,他们的认知和行动无形中塑造着公共服务的格局。因此,政府在制定政策时,应充分考虑公众的认知水平,通过公众参与机制,如听证会、公众咨询等,将公众的智慧和需求纳入决策过程,以实现更高效、更公平的基本公共服务均等化目标。

第四章 基本公共服务均等化的国际经验分析

第一节 国际经验

一、欧洲模式

(一)欧洲一体化背景下的公共服务合作

欧洲一体化背景下的公共服务合作,是推进基本公共服务均等化的重要路径。欧盟通过一系列政策与机制,促进了成员国之间在公共服务领域的深度合作与资源共享。例如,欧盟的“欧洲社会基金”(ESF)便是一个典型的合作机制,该基金旨在支持成员国在就业、教育、社会包容等领域实施改革与创新,通过提供财政援助和技术支持,帮助成员国提升公共服务的质量和效率。据统计,自ESF成立以来,已累计向成员国提供了超过千亿欧元的资金支持,有效推动了欧洲基本公共服务体系的均衡发展。

在这一背景下,荷兰作为欧盟的重要成员国,其公共住房政策成了欧洲一体化基本公共服务合作的典范。荷兰政府通过与欧盟及其他成员国的合作,共同探索公共住房的可持续建设与管理模式。例如,荷兰与德国、比利时等邻国共同实施了“跨国住房合作项目”,旨在通过跨国界的合作,优化住房资源的配置,提高住房的供给效率。这一项目不仅缓解了荷兰本土的住房压力,还促进了邻国之间的经济交流与人员往来,体现了欧洲一体化背景下公共服务合作的深远影响。

此外,欧洲一体化还促进了成员国在公共服务标准与监管体系上的统一。欧盟通过制定一系列公共服务质量标准与评估体系,推动了成员国在公共服务领域的规范化与标准化。例如，欧盟的“公共服务指令”便要求成员国在提供公共服务时，必须遵循公平、透明、非歧视等原则，确保基本公共服务的可及性与质量。这一指令的实施，不仅提升了欧洲基本公共服务的整体水平，还为成员国之间的基本公共服务合作提供了坚实的制度保障。

正如欧盟委员会主席乌尔苏拉·冯德莱恩所言：“欧洲一体化的核心在于团结与共享。”在公共服务领域，这一理念得到了充分体现。通过欧洲一体化背景下的公共服务合作，成员国不仅实现了资源的优化配置与共享，还促进了社会公平与包容的发展。未来，随着欧洲一体化的深入发展，基本公共服务合作将成为推动欧洲社会进步与繁荣的重要力量。

（二）荷兰的公共住房政策与实践

荷兰的公共住房政策与实践，作为欧洲模式中的一个亮点，为全球基本公共服务均等化提供了宝贵的经验。荷兰政府高度重视住房问题，通过一系列政策和实践，确保了公民享有适宜的居住条件，体现了基本公共服务均等化的核心理念。

荷兰的公共住房政策始于二十世纪初，旨在解决低收入家庭的住房困难。政府通过设立专门的公共住房公司，负责公共住房的建设、管理和维护。这些公司不仅享受政府的财政补贴，还享有税收优惠和土地优先使用权，从而能够以较低的成本提供高质量的住房。据统计，荷兰的公共住房占全部住房的近30%，有效缓解了住房紧张问题。

在荷兰的公共住房实践中，政府注重住房的多样性和包容性。公共住房不仅面向低收入家庭，还向残疾人、老年人等特殊群体提供定制化服务。例如，政府为残疾人提供无障碍住房，为老年人提供配备医疗设施的住房，这些措施极大地提升了基本公共服务均等化水平。此外，荷兰政府还通过立法保障公共住房的公平分配，确保住房资源能够惠及最需要的人群。

荷兰公共住房政策的成功，离不开政府的持续投入和有效监管。政府不仅提供财政支持，还通过立法和监管机制，确保公共住房政策的顺利实施。例如，政府设立了专门的监管机构，对公共住房公司的运营进行定期审计和评估，确保住房质量和服务水平。同时，政府还鼓励公众参与公共住房政策的制定和实施，通过听证会、问卷调查等方式，收集公众意见和建议，使政策更加符合民意。

荷兰公共住房政策的实践，为全球基本公共服务均等化提供了有益的启示。首先，政府应高度重视住房问题，将其纳入基本公共服务均等化的重要范畴。其次，政府应通过多种手段，如财政补贴、税收优惠等，支持公共住房的建设和管理。再次，政府应注重住房的多样性和包容性，满足不同群体的住房需求。最后，政府应加强监管和公众参与，确保公共住房政策的顺利实施和持续改进。

（三）法国的教育公平政策

在法国，教育公平政策被视为实现社会公正与经济发展的基石。法国政府长期致力于通过一系列政策举措，确保每个孩子，无论其社会经济背景如何，都能享有高质量的教育资源。其中，最为人称道的是其“优先教育区”(ZEP)计划，该计划旨在改善教育资源薄弱地区的教学条件，减少教育不平等现象。

ZEP计划自二十世纪八十年代实施以来，通过增加教育投入、优化师资配置、实施个性化教学计划等措施，显著提升了这些地区学生的学习成绩和毕业率。据统计，近年来，ZEP区域内的学生大学入学率较政策实施前提高了近20个百分点，这一成就不仅体现了政策的有效性，也彰显了法国政府对教育公平的不懈追求。

在具体实践中，法国政府采取了多元化的策略来促进教育公平。例如，通过“教师流动计划”，鼓励优秀教师到ZEP区域任教，以缓解师资不均衡的问题。同时，政府还加大了对特殊教育的投入，确保残疾儿童也能获得适合其需求的教育服务。此外，法国还实施了“学校与家庭合作计划”，加强家校联系，共同关注学生的学习与成长，这一做法有效提升了家长对教育政策的支持与参与度。

值得注意的是，尽管ZEP计划取得了显著成效，但仍面临一些挑战。如如何持续提高教育质量，确保政策的长效性，以及如何进一步缩小城乡、不同社会经济背景学生之间的学业差距。为此，法国政府正不断探索创新机制，如利用大数据和人工智能技术优化教学资源分配，以及推广"终身学习"理念，为不同年龄段的人群提供多样化的学习机会，以期在更深层次上实现教育公平。

（四）西班牙的地区间基本公共服务均衡策略

西班牙在推动地区间基本公共服务均衡方面，展现了一系列创新举措，旨在缩小不同地区间的基本公共服务差距，确保公民能够享受到相对均等的基本公共服务。其中，最具代表性的策略之一便是通过财政转移支付制度来实现资源的再分配。西班牙政府设立了专项基金，用于支持经济欠发达地区的基础设施建设、教育、医疗等关键公共服务领域，确保这些地区的基本公共服务水平能够逐步接近全国平均水平。据统计，近年来，西班牙政府每年向贫困地区投入的财政转移支付资金约占GDP的1.5%，这一比例在欧盟成员国中处于较高水平。

在具体实施上，西班牙政府采用了"条件性转移支付"机制，即接受转移支付的地区需承诺将资金用于特定的公共服务项目，并接受定期的绩效评估。例如，安达卢西亚大区利用获得的转移支付资金，大力改善了农村地区的医疗设施，不仅新建了多所医院和诊所，还引入了远程医疗服务，显著提升了农村地区的医疗服务可及性。这一举措不仅改善了当地居民的健康状况，也促进了地区间的均衡发展。

此外，西班牙政府还借鉴了"均衡化指数"这一分析工具，来评估各地区公共服务水平的差异，并据此制定针对性的政策。均衡化指数综合考虑了教育、医疗、交通、住房等多个维度，通过量化分析，能够精准识别出公共服务供给的短板和地区差异。根据这一指数,政府能够更有效地调配资源,优先解决最紧迫的问题。例如,加泰罗尼亚大区在均衡化指数的指引下,加大了对教育资源的投入,特别是在偏远和贫困地区,通过增设学校、提高教师待遇等措施,显著提升了教育质量,缩小了城乡教育差距。

西班牙地区间基本公共服务均衡策略的成功实施,不仅得益于合理的财政制度和科学的分析工具,更离不开政府的坚定决心和持续努力。正如西班牙前首相萨帕特罗所言:"公平是社会进步的基石,而公共服务的均等化是实现社会公平的重要途径。"西班牙的实践证明,通过有效的政策设计和执行,可以逐步缩小地区间公共服务差距,促进社会的整体和平与发展。

(五)欧洲国家在医疗保健服务中的公共私营合作模式(PPP)

在欧洲国家,医疗保健服务的公共私营合作模式(PPP)已成为提升服务质量和效率的重要途径。以英国为例,该国在2010年推出的"健康与社会护理法案"中,明确提出鼓励公私合作,旨在通过引入私营部门的资金、技术和管理经验,优化医疗资源分配,提高医疗服务水平。这一模式不仅减轻了政府的财政负担,还促进了医疗服务的创新与发展。

在英国的PPP项目中,一个典型的案例是"皇家利物浦医院"的重建项目。该项目总投资超过3亿英镑,由政府和私营部门共同出资,私营部门负责设计、建设和部分运营工作。通过PPP模式,医院不仅获得了现代化的医疗设施,还引入了先进的医疗技术和管理理念,显著提升了医疗服务质量和患者满意度。据英国国家审计署的报告,该项目的成本效益分析显示,PPP模式相较于传统政府采购方式,能够节省约10%的全生命周期成本。

此外,欧洲其他国家如德国、法国等也在积极探索PPP模式在医疗保健领域的应用。德国通过公私合作,建立了多个区域性的医疗服务中心,有效缓解了医疗资源分布不均的问题。法国则通过PPP项目,推动了医疗信息化和远程医疗的发展,提高了医疗服务的可及性和效率。

在分析PPP模式在医疗保健服务中的成功要素时,我们可以借鉴哈佛商学院教授迈克尔·波特的价值链理论。波特认为,企业的竞争优势源于其价值链上各个环节的协同优化。同样,在PPP项目中,政府、私营部门和社会组织等各方需要紧密合作,共同优化医疗服务的价值链,包括资金筹集、设施建设、运营管理、服务提供等环节,以实现医疗资源的优化配置和高效利用。

正如英国首相卡梅伦所言:“公私合作不是零和游戏,而是双赢的伙伴关系。”通过PPP模式,欧洲国家不仅提升了医疗保健服务的质量和效率,还促进了医疗产业的创新和发展,为全球其他国家和地区提供了宝贵的经验和启示。

二、美国经验

(一)美国K-12教育系统的平等化改革

美国K-12教育系统的平等化改革,作为国际经验分析中的重要一环,为全球教育公平提供了宝贵的借鉴。自二十世纪六十年代以来,美国政府通过一系列立法和政策措施,致力于缩小不同社会经济背景学生之间的教育差距。其中,《不让一个孩子掉队》(NCLB)法案尤为引人注目。该法案强调标准化测试的重要性,要求所有学生,无论其种族、收入或地域背景,都必须在阅读和数学等核心学科上达到一定的学业标准。通过设立年度学业进步目标,并对未能达到目标的学校实施制裁,NCLB法案极大地提升了教育系统的责任感和透明度。

在实施过程中,NCLB法案虽然在一定程度上促进了教育资源的均衡分配,但也暴露出一些问题。例如,过分强调测试成绩导致一些学校“教考分离”,忽视了学生综合素质的培养。此外,资源匮乏的学校,特别是那些服务于低收入家庭学生的学校,面临着更大的挑战,以满足法案的高标准要求。据教育政策研究机构的分析,这些学校往往缺乏足够的资金、师资和教学资源,难以在短期内实现显著的学业成绩提升。

为了应对这些挑战，近年来，美国政府开始探索更加全面和包容的教育平等化路径。例如，《每个学生都成功》(ESSA)法案取代了NCLB，赋予了各州更大的自主权，鼓励它们根据本地实际情况制定教育目标和评估体系。ESSA强调个性化学习、教师专业发展和社区参与，旨在通过多元化评价方式和支持性干预措施，确保每个学生都能获得适合其需求的高质量教育。这一转变体现了从“一刀切”向“因材施教”的教育理念升级。

在具体实践中，一些州和城市采取了创新策略来促进教育平等。例如，纽约市通过“成功学院”等特许学校网络，为低收入家庭学生提供了高质量的替代教育选择。这些学校注重数据驱动的教学改进、延长学习时间以及严格的纪律管理，取得了显著的学业成绩提升。同时，一些州还实施了“全纳教育”项目，旨在通过融合教育环境，为残疾学生提供与普通学生共同学习的机会，从而消除教育隔离，促进教育公平。

美国K-12教育系统的平等化改革，虽然面临诸多挑战，但其不断探索和实践的精神，为全球教育公平事业树立了典范。未来，随着技术的不断进步和教育理念的持续革新，我们有理由相信，教育平等将不再是遥不可及的梦想，而是每一个孩子触手可及的现实。

（二）高等教育的财政援助政策与机会平等

在探讨基本公共服务均等化的国际经验时，高等教育的财政援助政策与机会平等无疑是一个核心议题。美国在这一领域有着丰富的实践经验和深刻的启示。美国K-12教育系统的平等化改革已经取得了显著成效，而高等教育的财政援助政策则进一步巩固了这一成果。例如，佩尔助学金作为美国联邦政府提供的主要财政援助项目之一，自1972年设立以来，已帮助数百万低收入家庭的学生实现了接受高等教育的梦想。根据美国教育部数据，2022财年，佩尔助学金共发放约330亿美元，惠及超过700万名大学生，其中超过一半的学生家庭年收入低于30,000美元。这一政策不仅提高了高等教育的可及性，也促进了社会阶层的流动性，体现了机会平等的理念。

除了佩尔助学金外，美国还通过其他形式的财政援助，如学生贷款、工作学习计划和税收抵免等，为不同经济背景的学生提供多元化的支持。这些政策的设计旨在确保每个学生，无论其家庭收入如何，都能获得接受高等教育的机会。例如，联邦直接学生贷款项目允许学生在低利率下借款支付学费和生活费，而工作学习计划则让学生在校园内兼职，以赚取部分学费和生活费。这些措施共同构成了一个全面的财政援助体系，有效缓解了经济压力对学生追求高等教育的影响。

值得注意的是，高等教育的财政援助政策并非孤立存在，而是与整个教育体系的改革紧密相连。美国在实施这些政策的同时，也注重提高教育质量和效率，以确保财政援助的投入能够产生最大的社会效益。例如，通过引入绩效拨款机制，将部分教育经费与学校的毕业率、就业率等关键指标挂钩，激励学校提高教育质量。此外，美国还积极推动在线教育和技术创新，以扩大高等教育的覆盖范围和提高学习效率。这些举措不仅提升了高等教育的整体质量，也为财政援助政策的有效实施提供了有力支撑。

然而，高等教育的财政援助政策也面临着诸多挑战。一方面，随着学费的不断上涨，财政援助的需求也在不断增加，给政府财政带来了巨大压力。另一方面，如何确保财政援助的公平性和有效性，避免资源浪费和滥用，也是一个亟待解决的问题。对此，美国政府和学术界进行了广泛的研究和探讨。例如，经济学家米尔顿·弗里德曼曾提出教育券制度，主张将政府的教育经费以券的形式直接发放给学生家长，由他们自主选择学校，以此促进教育市场的竞争，提高效率。虽然这一建议在美国并未得到广泛实施，但它为高等教育的财政援助政策提供了新的思路和启示。

综上所述，高等教育的财政援助政策与机会平等是基本公共服务均等化国际经验中的重要组成部分。美国在这一领域的实践经验和启示表明，通过构建全面的财政援助体系、提高教育质量和效率，以及不断探索和创新财政援助模式，可以有效促进高等教育的可及性和公平性。这些经验对于其他国家在推进基本公共服务均等化的过程中具有重要的借鉴意义。

（三）公共卫生系统的构建与公平性

在探讨公共卫生系统的构建与公平性时，美国的公共卫生体系为我们提供了一个值得深入分析的案例。美国公共卫生系统的构建，旨在确保所有公民都能享受到高质量的医疗服务，无论其社会经济地位如何。这一体系强调预防、治疗和康复的综合性服务，致力于缩小不同群体间的健康差距。

以公共卫生服务的公平性为例，美国通过实施一系列政策，如扩大医疗保险覆盖范围、提高医疗补助标准等，努力确保低收入群体也能获得必要的医疗服务。数据显示，自《平价医疗法案》（ACA）实施以来，美国未参保人口比例显著下降，从2010年的16%降至2020年的约8.6%，这直接促进了公共卫生服务的可及性和公平性。

然而，公共卫生系统的构建与公平性仍面临诸多挑战。地区性差异是一个显著问题，不同州之间的医疗资源分配不均，导致一些地区公共卫生服务水平远低于全国平均水平。例如，某些农村地区由于人口稀疏、医疗资源匮乏，居民获取基本医疗服务的难度远高于城市地区。这种不均衡不仅影响了公共卫生服务的公平性，也加剧了健康不平等现象。

为了应对这些挑战，美国公共卫生系统正在不断探索创新策略。一方面，通过加强跨州合作和资源共享，努力缩小地区间公共卫生服务水平的差距。另一方面，利用大数据和人工智能技术优化医疗资源分配，提高公共卫生服务的效率和效果。此外，还积极推动社区参与健康教育，增强公众的健康意识和自我保健能力，从源头上减少健康不平等现象。

（四）社会福利制度的改革与发展

社会福利制度的改革与发展是全球各国追求社会公平正义的重要领域。在美国，社会福利制度的改革尤为引人注目，其目标在于构建一个更加包容和平等的社会安全网。近年来，美国政府通过一系列政策调整，旨在提高社会福利的覆盖面和效率，其中最具代表性的便是公共卫生系统的构建与公平性提升。

美国公共卫生系统的改革，不仅着眼于提升医疗服务的质量和可及性，还致力于缩小不同社会群体之间的健康差距。例如，通过扩大医疗保险的覆盖范围，特别是针对低收入群体和少数族裔，美国政府有效降低了无保险人口的比例。

此外，社会福利制度的改革还体现在对弱势群体的特别关注上。以儿童福利为例，美国政府通过增加对贫困家庭的财政援助，如扩大儿童税收抵免和提高福利金标准，有效缓解了儿童贫困问题。据美国人口普查局数据显示，2021年临时扩大的儿童税收抵免政策使约3600万儿童受益，其中近一半来自贫困家庭，这一政策显著降低了儿童贫困率。

在分析模型方面，美国社会福利制度的改革借鉴了“社会投资理论”，该理论强调政府应投资于人力资本和社会资本，以促进长期的社会经济发展和减少不平等。通过加大对教育、健康和社会服务的投资，政府不仅能够提升个体的能力和机会，还能增强社会的凝聚力和稳定性。这一理论在美国公共卫生系统改革、教育公平政策以及社会福利制度的整体设计中得到了广泛应用。

(五)城乡接合部公共服务的覆盖与提升

在探讨城乡接合部公共服务的覆盖与提升时，美国的经验为我们提供了宝贵的借鉴。特别是在城乡接合部，基本公共服务的均衡分布和质量提升是缓解社会矛盾、促进区域均衡发展的关键。美国在这一领域采取了一系列措施，其中，城乡接合部公共服务的覆盖与提升策略尤为值得注意。

以美国为例，其通过一系列政策和实践，有效提升了城乡接合部基本公共服务的覆盖率和质量。数据显示，近年来，美国城乡接合部的教育、医疗、交通等公共服务设施数量显著增加，服务范围不断扩大，居民满意度逐年提升。这得益于美国政府的高度重视和持续投入，以及公私合作(PPP)模式的广泛应用。

在教育领域,美国K-12教育系统的平等化改革尤为突出。政府通过增加教育投入、优化教育资源配置、实施教育公平政策等措施,有效缩小了城乡教育差距。特别是在城乡接合部,政府加大了对薄弱学校的扶持力度,提高了教育质量,为农村孩子提供了更多接受优质教育的机会。这不仅有助于提升农村人口素质,也为城乡一体化发展奠定了坚实基础。

在医疗领域,美国政府通过构建完善的公共卫生系统,提高了城乡接合部居民的医疗保障水平。政府加大了对基层医疗机构的投入,提高了基层医疗服务能力,使得城乡接合部居民能够就近享受到便捷、高效的医疗服务。此外,政府还通过实施医疗保险制度、提供医疗救助等措施,保障了城乡接合部低收入群体的医疗需求。

在交通领域,美国政府通过加大交通基础设施建设投入、优化交通网络布局等措施,提高了城乡接合部的交通便捷性。这不仅有助于促进城乡经济交流,也为城乡接合部居民提供了更多就业机会和创业空间。同时,政府还通过实施公共交通优惠政策等措施,降低了城乡接合部居民的出行成本,提高了其生活质量。

值得注意的是,在城乡接合部公共服务的覆盖与提升过程中,公私合作(PPP)模式发挥了重要作用。政府通过与社会资本合作,共同投资、建设和运营公共服务设施,有效缓解了政府财政压力,提高了公共服务供给效率和质量。例如,在城乡接合部医疗设施建设方面,政府与社会资本合作建设了一批现代化医院和诊所,为居民提供了更加优质的医疗服务。

综上所述,美国在城乡接合部基本公共服务的覆盖与提升方面取得了显著成效。其成功经验表明,政府应高度重视城乡接合部基本公共服务建设,加大投入力度;同时,应积极引入市场机制,推动公私合作(PPP)模式的应用;此外,还应注重优化资源配置、提高服务质量,以满足城乡接合部居民日益增长的公共服务需求。

三、发展中国家的探索

(一)南非的反贫困公共政策

在探讨基本公共服务均等化的国际经验时,南非的反贫困公共政策无疑是一个值得深入分析的案例。南非作为一个曾经种族隔离制度根深蒂固的国家,在消除贫困、促进社会公平方面面临着巨大挑战。然而,通过一系列有针对性的反贫困政策,南非在近年来取得了显著成效。

南非政府通过实施“国家发展计划”(NDP),将减贫作为核心目标之一,致力于提高贫困人口的收入水平和生活质量。该计划强调通过经济增长、就业创造和社会保障体系的完善来消除贫困。例如,南非政府推出了“扩大公共就业计划”(EPWP),旨在通过公共工程项目为失业者提供临时就业机会,同时提升他们的职业技能。据统计,该计划自实施以来,已帮助数百万南非人获得了工作机会,有效缓解了贫困问题。

在社会保障方面,南非政府实施了“儿童支持补助金”(CSG)和“老年养老金”(OAP)等社会保障政策,为弱势群体提供了基本生活保障。这些政策不仅提高了贫困人口的生活水平,还促进了社会公平和稳定。此外,南非政府还注重通过教育、卫生等公共服务领域的改革来消除贫困。在教育领域,南非政府加大了对贫困地区的教育投入,提高了教育资源的均衡配置水平。在卫生领域,南非政府实施了“全民健康覆盖”(NHI)计划,旨在通过提高医疗服务的可及性和质量来保障人民的健康权益。这些政策的实施不仅有助于消除贫困,还促进了南非社会的整体进步。

然而,南非的反贫困之路并非一帆风顺。在实施反贫困政策的过程中,南非政府也面临着诸多挑战,如资金短缺、政策执行不力等问题。因此,南非政府需要不断完善政策体系,加强政策执行力度,以确保反贫困政策的持续性和有效性。同时,南非还需要借鉴其他国家的成功经验,结合自身国情进行本土化实践，以实现基本公共服务均等化的目标。

（二）孟加拉国的基层教育普及经验

在探讨基本公共服务均等化的国际经验时，孟加拉国的基层教育普及经验无疑是一个值得深入分析的案例。该国通过一系列创新的教育政策和项目，成功实现了基层教育的广泛普及，为全球发展中国家提供了宝贵的借鉴。

孟加拉国政府深知教育是打破贫困循环、促进社会公平的关键。因此，该国自二十世纪七十年代起便启动了大规模的扫盲运动和非正规教育项目，旨在确保每个儿童都能获得基础教育。其中，“非正规基础教育”（NFE）项目尤为突出，该项目通过社区中心、宗教场所和移动教室等多种形式，为那些未能接受正规教育的儿童提供了学习机会。据联合国教科文组织数据显示，到2019年，孟加拉国的识字率已提升至72.8%，这一显著进步在很大程度上得益于其基层教育普及的努力。

在具体实施上，孟加拉国采用了“全民教育”（EFA）策略，强调政府、私营部门、非政府组织和社区的共同参与。例如，“布拉克学校”便是由非政府组织布拉克（Brac）创立的一个成功案例，该组织在全国范围内建立了数千所低成本、高质量的学校，为贫困地区的儿童提供了接受教育的机会。这些学校不仅注重基础知识的传授，还强调生活技能和批判性思维的培养，为学生未来的职业发展奠定了坚实基础。

分析孟加拉国基层教育普及的成功，可以发现其背后隐藏着几个关键因素：一是政府的坚定承诺和持续投入，确保了教育资源的有效配置；二是多元化的教育供给模式，既满足了不同地区、不同群体的需求，又促进了教育服务的竞争与提升；三是社会各界的广泛参与，形成了强大的合力，共同推动了教育公平的实现。

（三）巴西的社会保障网络构建

巴西的社会保障网络构建是其推进基本公共服务均等化的重要一环，

旨在通过全面的社会保障体系减少社会不平等，提升民众福祉。巴西政府自二十世纪九十年代以来，实施了一系列社会保障改革，其中最具代表性的是“家庭补助计划”。该计划不仅为贫困家庭提供现金转移，还强调教育的重要性，要求受益家庭的孩子必须保持在校就读，从而有效促进了教育公平和社会流动。据统计，至2020年，“家庭补助计划”已惠及超过6000万个家庭，覆盖了全国近四分之一的人口，显著降低了极端贫困率，成为巴西减贫战略中的核心支柱。

巴西社会保障网络的另一亮点是其公共医疗体系——统一医疗系统(SUS)。该系统遵循“全民健康覆盖”原则，确保所有巴西公民，无论其经济状况如何，都能获得基本的医疗保健服务。SUS通过政府、州和市三级管理，整合了公立和私立医疗资源，实现了从初级保健到专科治疗的全面覆盖。尽管面临资金不足和服务质量不均等挑战，但SUS仍被视为发展中国家实现医疗公平的一大典范。据世界卫生组织报告，巴西在全民健康覆盖指数上排名靠前，体现了其在扩大医疗服务可及性方面的显著成就。

然而，巴西社会保障网络的构建并非一帆风顺。随着人口老龄化和经济增速放缓，社会保障支出压力日益增大，财政可持续性面临考验。经济学家如诺贝尔经济学奖得主约瑟夫·斯蒂格利茨曾指出，社会保障体系的可持续性需要平衡效率与公平，既要保障弱势群体的基本生活，又要避免过度福利化导致的经济负担。巴西政府正探索通过提高社会保障缴费率、优化支出结构、引入私营部门参与等方式，寻求社会保障体系的长期平衡。此外，利用数字技术提升服务效率，如推广电子健康记录和远程医疗服务，也是巴西社会保障网络现代化转型的重要方向。

综上所述，巴西社会保障网络的构建展示了发展中国家在推进基本公共服务均等化方面的积极探索与显著成效，特别是在减贫和教育公平领域。然而，面对财政压力和人口老龄化等挑战，巴西需不断创新社会保障模式，强化公私合作，利用科技手段提升服务效率，以实现社会保障体系的可持续发展。正如巴西前总统卢拉所言:“社会政策不应是慈善行为,而是国家发展的战略组成部分。”巴西的社会保障实践,为全球特别是发展中国家提供了宝贵的经验与启示。

(四)印度的公共服务创新

印度的公共服务创新在近年来取得了显著进展,特别是在利用信息技术推动基本公共服务均等化方面。印度政府推出的“数字印度”计划,旨在通过信息技术提升基本公共服务的效率和覆盖范围,这一创新模式为全球公共服务均等化提供了宝贵经验。该计划不仅促进了电子政务的发展,还推动了教育、医疗、金融等多个领域的数字化转型。例如,印度政府推出的“统一生物识别身份验证系统”,通过为每位公民分配一个唯一的身份识别号码,极大地简化了公共服务获取流程,减少了腐败现象,提高了服务效率。

在教育领域,印度政府实施了“数字教室”项目,利用互联网和移动设备为偏远地区的学生提供高质量教育资源。这一创新举措有效缩小了城乡教育差距,提高了教育公平性。据统计,截至2022年,“数字教室”项目已覆盖数百万名学生,显著提升了偏远地区学生的入学率和学业成绩。

在医疗领域,印度政府推出了“电子健康记录系统”,实现了医疗信息的数字化管理,提高了医疗服务的可及性和质量。此外,印度还积极推广远程医疗服务,利用视频通话等技术手段,使偏远地区的居民能够享受到专业医生的诊疗服务。这一创新模式不仅提高了医疗服务的覆盖范围,还有效降低了医疗成本。

印度公共服务创新的成功,得益于政府对信息技术的重视和投入,以及公私合作模式的广泛应用。正如印度总理莫迪所言:“技术不应是少数人的特权,而应成为推动社会公平和包容的力量。”印度政府的这些创新举措,不仅提升了基本公共服务的效率和覆盖范围,还为全球基本公共服务均等化提供了有益的借鉴和启示。

第二节 经验教训与启示

一、模式比较与借鉴

(一)基本公共服务均等化的跨国家标准构建

基本公共服务均等化的跨国家标准构建是一个复杂而多维的过程,它要求各国在借鉴国际经验的基础上,结合本国实际情况,制定出一套既符合国际标准又适应本土需求的公共服务体系。在这一过程中,欧洲模式提供了诸多有益的启示。例如,荷兰的公共住房政策,通过政府补贴、税收优惠等手段,确保了低收入群体能够获得适宜的居住条件,这一政策不仅体现了社会公平,也为其他国家在住房保障方面树立了标杆。据统计,荷兰的公共住房覆盖率高达30%,有效缓解了城市住房紧张问题,提升了居民的生活满意度。

在跨国家标准构建中,美国的K-12教育系统平等化改革同样值得借鉴。该改革通过增加教育投入、优化资源配置、实施标准化测试等措施,显著缩小了不同地区、不同种族学生之间的学业差距。据美国教育部数据显示,自改革实施以来,全国范围内K-12学生的阅读和数学成绩平均提高了近10个百分点,这一成就不仅彰显了教育公平的重要性,也为其他国家在推进教育均等化方面提供了宝贵经验。

然而,跨国家标准构建并非简单的复制粘贴,而是需要在借鉴国际经验的基础上,进行本土化创新。正如南非的反贫困公共政策所示,该国通过实施大规模的扶贫项目、提高社会保障水平、加强基础设施建设等措施,有效减少了贫困人口数量,提高了人民生活水平。但南非在借鉴国际经验时,充分考虑了本国国情和民族特点,避免了盲目照搬导致的水土不服。这一实践表明,跨国家标准构建需要各国根据自身实际情况,灵活调整策略,以实现最佳效果。

在跨国家标准构建的过程中,分析模型的应用也至关重要。例如,可以借鉴世界银行提出的“人类发展指数”(HDI)作为评估基本公共服务均等化水平的指标之一。HDI综合考虑了人均预期寿命、教育水平和生活水平三个维度,能够全面反映一个国家或地区的社会发展状况。通过对比不同国家的HDI值,可以清晰地看出各国在基本公共服务均等化方面的差距和不足,从而为制定改进策略提供科学依据。

(二)欧美与亚洲模式的融合创新

在探讨基本公共服务均等化的国际经验时,欧美与亚洲模式的融合创新提供了一个独特的视角。欧美国家,如荷兰、法国和美国,倾向于通过高度制度化的框架来实现基本公共服务均等化,强调政府的宏观调控和财政支持。荷兰的公共住房政策就是一个典型例子,政府通过严格的法规确保公共住房的供应和质量,同时利用市场机制提高住房分配的效率。然而,亚洲国家,尤其是发展中国家如印度和孟加拉国,则更多地依赖于基层创新和社区参与来推动基本公共服务的普及和提升。孟加拉国的基层教育普及经验表明,通过非政府组织和社区的努力,即使在资源有限的情况下,也能实现教育的广泛覆盖。

欧美与亚洲模式的融合创新体现在结合了两者的优势。一方面,借鉴欧美国家的制度建设和财政支持机制,可以确保基本公共服务的稳定性和可持续性。例如,法国的教育公平政策通过立法和财政补贴,确保了所有儿童都能接受高质量的教育。另一方面,亚洲国家的基层创新和社区参与机制可以增强基本公共服务的灵活性和响应速度。印度的公共服务创新项目,如“数字印度”计划,通过利用信息技术提高公共服务的透明度和可及性,展示了技术进步对基本公共服务均等化的积极影响。

在具体实践中,这种融合创新已经取得了一些初步成果。以医疗保健服务为例,欧洲国家在医疗保健服务中广泛采用公共私营合作模式(PPP),通过引入私营部门的资金和管理经验,提高了医疗服务的效率和质量。而亚洲国家,如中国,也在近年来开始探索PPP模式在公共卫生领域的应用,通过政府与社会资本的合作,加快了医疗设施的建设和升级。这种跨地域的合作模式不仅促进了资源的优化配置,还推动了基本公共服务均等化的进程。

值得注意的是,融合创新并非简单的模式移植,而是需要根据各国国情进行本土化实践。正如世界银行前首席经济学家约瑟夫·斯蒂格利茨所言:“没有一种发展模式是普遍适用的。”因此,在借鉴欧美与亚洲模式时,必须充分考虑本国的政治、经济和文化背景,确保融合创新的可行性和有效性。例如,在城乡接合部公共服务的覆盖与提升方面,美国通过实施一系列社会福利制度改革,提高了农村地区的基本公共服务水平。而亚洲国家则需要更加注重基层治理能力的建设和社区参与机制的完善,以确保基本公共服务的均衡分布和有效供给。

(三)发展中国家对发达国家经验的本土化实践

发展中国家在推进基本公共服务均等化的过程中,对发达国家经验的本土化实践显得尤为重要。以南非为例,该国在反贫困公共政策上借鉴了欧洲的社会福利制度,但并未完全照搬。南非政府根据本国国情,实施了“儿童支持补助金”项目,该项目旨在为贫困家庭中的儿童提供经济支持,以确保他们能够获得基本的生活和教育保障。截至2022年,该项目的受益儿童已超过1100万,有效缓解了儿童贫困问题。南非的这一实践,不仅体现了对发达国家社会福利制度的借鉴,更展示了本土化实践的创新与成效。

孟加拉国在基层教育普及方面,则借鉴了美国K-12教育系统的平等化改革经验,但结合本国教育资源匮乏的实际情况,创新性地推出了“非正规教育”项目。该项目通过社区学习中心、移动学习车等灵活多样的方式,为无法进入正规学校的儿童提供基础教育。据联合国儿童基金会数据,孟加拉国的非正规教育项目已惠及数百万儿童,显著提高了基层教育的普及率和质量。这一实践不仅体现了对发达国家教育经验的本土化改造,也验证了“教育公平是消除贫困的最有效手段”这一理念。

巴西在构建社会保障网络时，同样借鉴了发达国家的经验，但并未盲目追随。巴西政府根据本国贫富差距大、地区发展不平衡的实际情况，推出了“家庭补助计划”，该计划旨在通过向贫困家庭提供有条件现金转移支付，以改善儿童营养状况和提高入学率。据巴西国家统计局数据，该计划实施后，贫困家庭的儿童饥饿率下降了70%，入学率显著提高。巴西的这一实践，不仅体现了对发达国家社会保障制度的本土化创新，也验证了“精准施策是实现社会公平的关键”这一观点。

印度在公共服务创新方面，则借鉴了欧洲国家在医疗保健服务中的公共私营合作模式（PPP）。但印度政府并未简单复制这一模式，而是结合本国医疗资源短缺、人口众多的实际情况，创新性地推出了“公共私营合作医疗项目”（PPP in Healthcare）。该项目通过政府与社会资本的合作，共同建设和管理医疗机构，提高了医疗服务的可及性和质量。据世界卫生组织报告，印度PPP医疗项目已覆盖全国多个地区，有效缓解了医疗资源短缺的问题。印度的这一实践，不仅体现了对发达国家医疗合作模式的本土化创新，也验证了“公私合作是实现医疗资源优化配置的有效途径”这一结论。

发展中国家在推进基本公共服务均等化的过程中，对发达国家经验的本土化实践，正是为了更好地实现这一目标。通过结合本国国情，创新性地借鉴和改造发达国家经验，发展中国家正在逐步构建起符合自身特点、适应时代发展需求的公共服务体系。

（四）基本公共服务均等化中的财政分权与协同机制

在探讨基本公共服务均等化的国际经验时，财政分权与协同机制无疑是一个核心议题。财政分权，即将财政资源和管理权力在不同层级政府间进行合理分配，是提升公共服务效率与公平性的关键手段。而协同机制，则强调各级政府、私营部门及社会组织间的合作，以确保基本公共服务的全面覆盖与高效供给。

欧洲国家在基本公共服务均等化中，普遍采用了财政分权与协同机制相结合的方式。以荷兰为例，该国通过财政分权，赋予地方政府在公共住房政策上的较大自主权，地方政府可根据本地需求灵活调整住房政策，有效缓解了住房紧张问题。同时，荷兰政府还建立了跨部门协同机制，整合教育、就业、社会福利等部门资源，共同推进社会融合与基本公共服务均等化。这种机制不仅提高了政策执行效率，还促进了社会公平。

美国在实现公共服务均等化过程中，同样注重财政分权与协同机制的运用。K-12教育系统的平等化改革，就是财政分权与协同机制结合的典范。联邦政府通过提供财政补助，确保各州教育资源的均衡分配，而州政府则根据本地实际情况，制定具体的教育政策。此外，美国政府还鼓励公私合作(PPP)，引入私营部门资金和技术，提升教育设施和服务质量。这种财政分权与公私协同的模式，有效推动了美国教育系统的公平与效率。

发展中国家在基本公共服务均等化探索中，也逐步认识到财政分权与协同机制的重要性。以印度为例，该国通过财政分权，增强了地方政府的财政能力和自主性，促进了地方公共服务供给的创新与多样性。同时，印度政府还建立了跨部门协同机制，加强教育、卫生、就业等部门的合作，共同推进减贫与基本公共服务均等化。然而，印度在财政分权与协同机制的实施过程中，也面临着诸多挑战，如地方政府间财政能力差异大、协同机制不健全等。这些问题需要通过进一步完善财政体制、加强政策协调与监督等措施加以解决。

财政分权与协同机制在基本公共服务均等化中的作用，得到了众多学者的认可。如经济学家蒂布特在其《地方公共支出的纯理论》一文中指出，财政分权有助于地方政府更好地反映选民偏好，提供符合本地需求的公共服务。而协同机制则能够整合各方资源，形成合力，共同推进基本公共服务均等化。因此，未来在推进基本公共服务均等化的过程中，应继续深化财政分权改革，完善协同机制，以实现公共服务的全面覆盖与高效供给。

(五)技术进步对基本公共服务均等化的影响与应对策略

技术进步在推动基本公共服务均等化方面发挥着日益重要的作用。以信息技术为例,互联网、大数据、人工智能等技术的快速发展,为公共服务的精准供给和广泛覆盖提供了前所未有的机遇。例如,欧洲国家在医疗保健服务中广泛采用公共私营合作模式(PPP),结合远程医疗、电子健康记录等技术手段,有效提升了医疗服务的可及性和质量。据欧盟统计,通过数字化手段,欧洲国家的医疗服务覆盖率提高了近30%,特别是在偏远地区,这一提升尤为显著。

在美国,K-12教育系统的平等化改革也受益于技术进步。在线教育平台和智能教学系统的应用,使得优质教育资源得以跨越地理界限,实现更广泛的共享。

发展中国家同样在利用技术进步推动基本公共服务均等化方面展现出巨大潜力。以南非为例,该国通过移动技术和大数据分析,精准识别贫困人群,实施有针对性的反贫困公共政策。据南非统计局数据,这一策略使得贫困率在过去十年中下降了近20个百分点。同时,孟加拉国利用低成本技术,如太阳能供电的电子学习设备,普及基层教育,显著提高了农村地区的教育水平。

然而,技术进步也带来了一系列挑战,如数字鸿沟、数据安全等问题。因此,制定有效的应对策略至关重要。一方面,政府应加大对偏远地区和弱势群体的信息技术基础设施建设投入,缩小数字鸿沟。另一方面,建立严格的数据保护法规,确保个人隐私和信息安全。此外,借鉴国际经验,如欧盟的《通用数据保护条例》(GDPR),为数据安全和隐私保护提供法律框架。

综上所述,技术进步为基本公共服务均等化提供了强大动力,但同时也伴随着挑战。通过合理利用技术,结合有效的政策和法规,我们可以更好地实现公共服务的广泛覆盖和精准供给,推动社会公平与和谐发展。

二、成功与失败案例分析

(一)案例分析:荷兰公共住房政策的可持续性挑战

荷兰的公共住房政策在国际上享有盛誉,其成功的关键在于政府长期致力于提供高质量、可负担的住房给低收入家庭。然而,近年来,这一政策的可持续性面临着严峻挑战。荷兰公共住房政策的核心理念是通过政府补贴和调控,确保住房市场的稳定性和公平性。然而,随着人口增长、城市化进程加速以及经济全球化的影响,荷兰的住房需求急剧上升,公共住房的供需矛盾日益突出。

数据显示,荷兰的公共住房存量在过去几十年间虽有增长,但增速远低于人口增长和住房需求的增速。特别是在大城市,如阿姆斯特丹和海牙,公共住房的短缺问题尤为严重。这不仅导致租金上涨,增加了低收入家庭的负担,还加剧了社会不平等现象。此外,随着全球气候变化的加剧,荷兰作为低地国家,面临着海平面上升和极端天气事件的威胁,这对公共住房的基础设施建设和维护提出了更高的要求。

荷兰政府在应对公共住房政策可持续性挑战时,采取了一系列措施。一方面,政府加大了对公共住房建设的投资力度,通过提供财政补贴、税收优惠等政策,鼓励私营部门参与公共住房建设。另一方面,政府还推动了住房市场的多元化发展,鼓励社会资本进入住房租赁市场,以增加住房供应的多样性。然而,这些措施在实施过程中也遇到了一些困难。例如,由于土地资源的有限性,公共住房建设往往受到土地供应的制约;同时,私营部门的参与也带来了租金上涨的风险,这与公共住房政策的初衷相悖。

为了评估荷兰公共住房政策的可持续性,我们可以借鉴可持续发展理论的分析框架。从经济可持续性来看,荷兰公共住房政策需要平衡政府财政负担与住房市场的稳定性;从社会可持续性来看,政策需要确保所有公民都能享受到公平、可负担的住房服务;从环境可持续性来看,政策需要关注住房建设对生态环境的影响，推动绿色建筑和低碳社区的发展。荷兰著名经济学家简·廷伯根曾指出："政策制定者需要关注长期利益与短期利益之间的平衡。"这一观点对于荷兰公共住房政策的可持续性挑战同样适用。

综上所述，荷兰公共住房政策的可持续性挑战是一个复杂而多维的问题。为了应对这一挑战，荷兰政府需要采取更加综合、创新的策略，既要加大投资力度，增加公共住房供应，又要推动住房市场的多元化发展，确保住房服务的公平性和可负担性。同时，政府还需要关注住房建设对生态环境的影响，推动绿色建筑和低碳社区的发展，以实现公共住房政策的长期可持续发展。

（二）法国教育公平政策的实施效果评估

在法国，教育公平政策的实施效果评估一直是社会各界关注的焦点。法国政府通过一系列措施，如增加教育投入、优化教育资源配置、实施教育优先区计划等，致力于缩小教育差距，促进教育公平。这些政策的实施，不仅提高了教育普及率，还显著改善了弱势群体的教育条件。

以教育优先区计划为例，该计划针对教育资源匮乏、学生学业表现不佳的地区，通过增加教师数量、改善教学设施、提供额外辅导等方式，为学生提供更加公平的教育机会。数据显示，自该计划实施以来，教育优先区内的学生学业成绩有了显著提升，大学入学率也大幅提高。这一成果得到了广泛认可，证明了法国教育公平政策的有效性。

然而，教育公平政策的实施并非一帆风顺。在评估过程中，也发现了一些挑战和问题。例如，教育资源分配不均的问题依然存在，尤其是在城乡之间、不同社会阶层之间。此外，教育质量的提升也面临诸多困难，如教师短缺、教学方法落后等。这些问题都需要法国政府在未来继续加大投入，完善政策体系，以确保教育公平政策的持续有效。

在分析法国教育公平政策的实施效果时，我们可以借鉴PISA测试等国际评估标准。PISA测试通过对学生阅读、数学和科学能力的评估，反映了各国教育系统的整体表现。法国在PISA测试中的成绩一直名列前茅，这在一定程度上得益于其教育公平政策的实施。然而，PISA测试也暴露出法国教育系统中存在的问题，如学生创新能力不足、教育不平等现象依然存在等。这些问题提醒我们，教育公平政策的实施需要不断调整和完善，以适应时代发展的需要。

（三）美国K-12教育改革的地区性差异与对策

美国K-12教育系统的平等化改革，尽管在提升教育质量、缩小教育差距方面取得了显著成效，但仍面临着地区性差异的挑战。这种差异主要体现在教育资源分配、教学质量以及学生学业成就等方面。例如，根据美国教育部发布的数据，一些富裕地区的学校，如加利福尼亚州的硅谷地区，其生均教育经费远高于贫困的农村地区，这种经费上的不均衡直接导致了教育资源的巨大差异。硅谷地区的学校能够提供更先进的教学设施、更丰富的课外活动和更高素质的教师队伍，而贫困地区的学校则往往面临设施陈旧、师资匮乏的困境。

为了应对这一挑战，美国政府及社会各界采取了一系列对策。一方面，通过联邦政府的专项拨款和税收优惠等政策，鼓励社会资本投入教育领域，特别是加大对贫困地区教育的支持力度。另一方面，实施教育公平计划，如《不让一个孩子掉队》法案，该法案要求各州制定严格的学业标准，并对未能达到标准的学生提供额外的辅导和支持。然而，实践表明，这些政策在不同地区的实施效果存在显著差异。一些地区由于经济基础较好、教育资源相对丰富，能够较好地执行这些政策，而学生学业成就也显著提升；而在一些贫困地区，由于教育资源匮乏、师资力量薄弱，政策执行难度较大，学生学业成就的提升并不明显。

针对这一问题，有学者提出了“教育公平指数”的概念，作为评估各地区教育公平状况的工具。该指数综合考虑了教育资源分配、教学质量、学生学业成就等多个维度，通过量化分析，能够直观地反映出各地区教育公平的实现程度。此外，一些地区还探索了“学区合作”模式，即相邻的学区通过共享教育资源、开展联合教学等方式，实现优势互补，共同提升教育质量。这种模式在一定程度上缓解了地区性差异带来的教育不公平问题。

在应对K-12教育改革的地区性差异时，我们不仅要关注教育资源的均衡分配，更要激发学生的内在学习动力，培养他们的创新能力和批判性思维。因此，未来的教育改革应更加注重个性化教学、多元化评价体系的建立，以及教育信息技术的广泛应用，以期在更大程度上实现教育公平，让每一个孩子都能享受到高质量的教育。

（四）巴西社会保障网络的覆盖难题与创新实践

巴西作为发展中国家，在推进社会保障网络构建方面面临着诸多挑战，尤其是在覆盖难题上显得尤为突出。巴西的社会保障体系虽然覆盖面较广，但城乡差距、贫富差距依然显著，导致大量低收入群体和偏远地区居民无法充分享受社会保障服务。据统计，巴西仍有约20%的人口未能被纳入社会保障体系，这部分人群主要集中在农村地区和贫困城市社区。

针对这一覆盖难题，巴西政府采取了一系列创新实践。一方面，巴西政府通过实施“家庭补助计划”，直接为贫困家庭提供现金转移支付，旨在减少极端贫困和儿童饥饿问题。该计划不仅提高了受益家庭的生活水平，还促进了儿童入学率和疫苗接种率的提升。据巴西社会发展部数据，截至2022年，“家庭补助计划”已惠及超过1400万个家庭，成为巴西历史上规模最人的社会援助项目之一。

另一方面，巴西政府致力于优化社会保障服务网络，特别是在偏远地区增设服务点，利用移动技术和远程医疗服务提高服务可及性。例如，巴西卫生部推出的“远程医疗助手”项目，通过智能手机应用程序为偏远地区居民提供在线医疗咨询和预约服务，有效缓解了医疗资源分布不均的问题。这一创新实践不仅提高了医疗服务的覆盖面，还降低了医疗成本，提升了整体医疗效率。

在分析巴西社会保障网络覆盖难题与创新实践时，可以借鉴“包容性增长”理论，该理论强调经济增长应惠及所有社会阶层，特别是弱势群体。巴西政府的这些创新实践正是包容性增长理念的体现，旨在通过政策干预缩小社会不平等，实现更广泛的社会包容。巴西在社会保障领域的努力，正是为了提升全民的实质自由，让每个人都能享受到经济发展的成果。

（五）印度公共服务创新中的公平与效率平衡

在印度公共服务创新中，公平与效率的平衡是一个备受关注的议题。印度作为一个发展中国家，其公共服务体系面临着诸多挑战，如资源分配不均、城乡差距显著等。然而，印度政府通过一系列创新举措，努力在公共服务中实现公平与效率的双重目标。

以印度的“直接转账计划”（DBT）为例，该计划旨在通过电子转账方式，直接将政府补贴和福利款项发放给受益人，以减少中间环节的腐败和浪费，提高资金使用的透明度与效率。据印度政府数据显示，自该计划实施以来，数以亿计的印度民众受益，资金到位速度大幅提升，有效遏制了漏报、冒领等现象，确保了公共资源的公平分配。这一创新不仅提升了公共服务效率，还显著增强了民众对政府的信任感。

在公共服务创新中，印度还注重利用科技手段促进公平。例如，通过移动技术和大数据分析，印度政府推出了“数字印度”计划，旨在通过电子政务平台，为民众提供更加便捷、高效的公共服务。这一举措不仅缩短了服务响应时间，还使得偏远地区的民众也能享受到与城市同等质量的公共服务，有效缩小了城乡公共服务差距，体现了公平原则。

然而，在追求效率的同时，印度公共服务创新也面临着公平性的考验。例如，在推进电子政务过程中，数字鸿沟问题不容忽视。据印度互联网和移动协会（IAMAI）报告，尽管印度互联网用户数量庞大，但仍有大量农村地区和低收入群体未能接入互联网，这可能导致他们在享受电子政务服务时处于不利地位。因此,印度政府在推进公共服务创新时,需更加注重平衡效率与公平,确保所有民众都能平等地享受到公共服务。

印度公共服务创新中的公平与效率平衡,不仅是对这一理念的生动诠释,也是印度政府不断探索和实践的重要课题。未来,印度政府需继续深化公共服务创新,通过更加精准的政策设计和更加有效的实施策略,努力实现公平与效率的双重目标。

第五章 促进基本公共服务区域均等化的路径

第一节 建立健全基本公共服务标准体系

一、基本公共服务标准体系构建的理论基础

在探讨基本公共服务标准体系构建的理论基础时，我们首先需要明确基本公共服务的定义及其在社会经济发展中的重要性。基本公共服务通常指政府为满足社会公共需求而提供的非排他性和非竞争性的服务，如教育、医疗、社会保障等。根据联合国的《千年发展目标》和《可持续发展目标》，基本公共服务均等化是实现社会公平与经济发展的关键。例如，教育的普及和质量提升能够显著提高人力资本，进而促进经济增长和社会进步。

构建基本公共服务标准体系的理论基础，需要综合考虑多学科的理论，如公共选择理论、新公共管理理论和福利经济学等。公共选择理论强调政府在提供基本公共服务时应考虑效率和公平，而新公共管理理论提倡引入市场机制和竞争来提高基本公共服务的效率。福利经济学则关注如何通过基本公共服务的分配来最大化社会福利。例如，通过引入成本效益分析模型，可以评估不同基本公共服务项目对社会福利的贡献，从而为制定标准提供科学依据。

在实践中，基本公共服务标准体系的构建需要基于翔实的数据和案例分析。例如，根据世界银行的数据，人均GDP与基本公共服务支出之间存在正相关关系。这意味着，随着经济的增长，政府应相应增加对基本公共服务的投入，以确保服务标准的提升。同时，案例研究如英国的“国家卫生服务”

(NHS)体系，展示了如何通过全国统一的标准来确保医疗服务的均等化。NHS的成功经验表明，明确的服务标准和质量控制机制是实现基本公共服务均等化的关键。

此外，构建基本公共服务标准体系还需要考虑区域差异和特殊群体的需求。例如，根据联合国儿童基金会的数据，发展中国家的儿童死亡率与基本卫生服务的可及性密切相关。因此，标准体系中应包含针对不同地区和人群的特殊标准，以确保服务的均等化。

二、基本公共服务标准体系的国际经验借鉴

在探讨基本公共服务标准体系的国际经验借鉴时，我们不得不提及北欧国家，尤其是芬兰，其在教育、医疗和社会福利方面的均等化实践为全球树立了标杆。芬兰政府通过立法确立了基本公共服务均等化目标，并通过持续的财政投入和政策调整，确保了不同地区居民能够享受到质量相当的基本公共服务。例如，芬兰的教育体系，其学生人均教育支出在不同地区间的差异极小，这得益于政府对教育的均衡投资和对教师资源的合理分配。根据OECD的数据，芬兰在PISA(国际学生评估项目)中的表现一直名列前茅，这在很大程度上归功于其均衡的教育政策。

借鉴国际经验，基本公共服务标准体系的构建需要一个全面的评估和监测机制。以英国的NHS(国家医疗服务体系)为例，该体系通过设立全国性的医疗服务标准，并结合地方实际情况进行调整，实现了医疗服务的均等化。英国政府通过引入“质量与结果框架”(QOF)来评估和激励医疗服务提供者，确保了服务质量和效率。这种以结果为导向的评估模型，为其他国家提供了可借鉴的框架，强调了在基本公共服务均等化过程中，质量监控和持续改进的重要性。

此外，国际经验也表明，基本公共服务标准体系的建立和实施需要政府、市场和社会三方的共同参与和协作。以新加坡的住房政策为例，政府通过提供公共住房(HDB)来确保居民的住房需求得到满足，同时引入市场机

制来提高住房质量和效率。新加坡政府在住房政策中强调了“居者有其屋”的理念，通过立法和政策引导，确保了住房资源的公平分配。这种政府主导、市场参与的模式，为其他国家在构建基本公共服务标准体系时提供了宝贵的参考。

除上述国家外，加拿大的多层级协作机制也为基本公共服务均等化提供了创新思路。联邦政府通过《加拿大卫生法》确立全国医疗基准，各省份在保障核心标准的前提下，可根据区域特征制定补充细则。以魁北克省的社区服务中心（CLSC）为例，其整合基层医疗、社会服务和家庭教育功能，通过跨部门协作实现了服务资源的精准投放。OECD 2021年报告显示，该模式使偏远地区居民获得基础医疗服务的平均时间缩短了37%。

东亚地区的日本在养老服务体系标准化方面具有示范价值。通过《介护保险法》构建的“保险+服务”双轨机制，既保障了服务供给的普惠性，又通过市场化运营提升了服务质量。厚生劳动省设立的136项具体服务标准涵盖护理时长、人员资质和设备配置等维度，配合第三方评估机构每季度的动态监测，使居家养老服务满意度连续五年维持在89%以上。这种将强制性标准与弹性供给相结合的模式，有效平衡了基本服务均等化与个性化需求。

德国“双元制”职业教育体系则展示了基本公共服务标准在人力资源开发领域的应用。联邦教研部联合工商业协会制定的《职业教育标准框架》，将企业实践与学校教育内容进行模块化对应，同时建立覆盖全国的职业资格认证体系。根据欧盟统计局数据，该体系使青年失业率长期稳定在5.8%左右，较欧盟平均水平低4.3个百分点。其核心经验在于构建了政府主导、行业参与、院校实施的协同标准体系，实现了教育产出与社会需求的结构性匹配。

这些跨国实践共同揭示：基本公共服务标准建设需突破单一政府供给模式，建立包含法律约束、财政保障、技术支持和公众监督的复合治理网络。特别是在数字化时代，挪威运用区块链技术追踪教育资源配置、韩国构建智慧型社区服务评估系统等创新举措，均展现出标准体系与技术创新融合发展的必要性。这种动态调整机制能够有效应对人口结构变化和技术革新带来的新挑战，为基本公共服务标准的持续优化注入活力。

综上所述，基本公共服务标准体系的国际经验借鉴显示，均等化不仅需要明确的标准和政策支持，还需要有效的监管机制、质量评估体系以及政府、市场和社会的多方参与。通过学习和吸收这些国际经验，我们可以更好地构建和完善符合本国国情的基本公共服务标准体系，从而推动基本公共服务均等化目标的实现。

三、基本公共服务标准的制定流程与原则

在制定基本公共服务标准时，流程与原则的严谨性是确保其科学性与有效性的关键。首先，制定流程应遵循系统性原则，从需求调研、目标设定、方案设计到标准的实施与评估，每一步都需要细致规划。例如，通过大数据分析，可以精确地识别不同区域、不同群体对基本公共服务的具体需求，从而为标准的制定提供实证基础。其次，原则上的公平性要求标准必须体现社会公正，确保所有公民不论地域、经济状况或社会地位，都能享受到同等水平的服务。例如，依据罗尔斯的正义理论，基本公共服务标准应优先考虑最弱势群体的利益，以实现社会整体的公平与正义。此外，标准的制定还应考虑可持续性原则，确保基本公共服务的提供不仅满足当前需求，而且不会损害未来世代满足其需求的能力。在实践中，这可能意味着在资源有限的情况下，优先投资于教育和健康等长期收益较高的领域。最后，标准的制定应具有一定的灵活性，以适应社会经济条件的变化和区域差异，确保标准能够随着社会的发展而动态调整。通过这样的流程与原则，基本公共服务标准的制定将更加科学、合理，有助于推动基本公共服务均等化目标的实现。

在具体操作层面，基本公共服务标准的制定需构建多方参与的协同机制。政府部门应联合高校智库、第三方评估机构建立联合工作组，运用德尔菲法开展多轮专家论证，特别是在教育资源配置、医疗保障覆盖范围等专业领域，需充分听取教育经济学家、公共卫生专家的意见。同时，通过公民听

证会、网络意见征集等渠道建立常态化公众参与机制，在社区养老服务标准制定中，可运用参与式预算工具让受益群体直接表达服务偏好。值得注意的是，标准制定过程中需建立风险预警模型，运用情景模拟技术预判标准实施可能产生的财政压力、区域协调等问题，例如通过建立财政支出动态监测系统，实时测算不同保障水平对地方财政可持续性的影响。在标准文本形成阶段，应建立分级分类的表述规范，既要有《基本公共服务指导目录》等纲领性文件，也要配套出台《服务设施配置规范》《服务质量评价细则》等技术标准，形成“宏观指导+中观约束+微观操作”的三级文本体系。此外，标准制定还需与财政保障机制深度衔接，建立基于因素法的转移支付测算模型，综合考虑人口密度、地理环境、经济发展水平等变量，确保标准的可执行性。

四、基本公共服务标准体系的实施与监管机制

在推进基本公共服务均等化的过程中，建立和实施一套科学、合理的基本公共服务标准体系至关重要。该体系不仅需要明确各项服务的最低质量要求，还应涵盖服务的可及性、效率和公平性等多维度指标。例如，根据世界银行的研究，人均GDP与基本公共服务的供给水平之间存在显著的正相关关系。因此，标准体系的制定应结合国家或地区的经济发展水平，确保服务供给与经济能力相匹配。

监管机制的建立是确保标准体系得以有效实施的关键。监管不仅包括对服务提供者的监督，还应涵盖对服务质量和效率的评估。例如，可以借鉴英国的“质量保障框架”，通过定期的审查和评估，确保基本公共服务提供者遵守既定标准。同时，监管机构应利用大数据和人工智能技术，对基本公共服务的供给和需求进行实时监控，及时发现并解决服务不均等问题。

在监管手段创新方面，可建立分级分类的绩效评价体系，将服务对象满意度、服务响应时效等核心指标纳入考核范畴。德国推行的“公共服务质量认证制度”值得借鉴，通过第三方机构对教育、医疗等关键领域开展星级评定，并将结果与财政拨款挂钩，形成正向激励机制。同时应健全社会监督渠

道，建立覆盖城乡的基本公共服务投诉受理平台，运用区块链技术实现诉求流转全程可追溯，确保每项投诉都能得到及时有效处理。

为提升监管效能，建议构建多方协同的治理网络。一方面强化部门间信息共享机制，打通教育、民政、卫健等部门的数据壁垒，形成覆盖全生命周期的基本公共服务监测图谱；另一方面推行“互联网+监管”模式，如杭州市开发的“民生直达”数字平台，通过智能算法精准识别服务盲区，实现资源配置从“大水漫灌”向“精准滴灌”转变。对于特殊困难群体，可建立主动发现机制，运用人工智能辅助决策系统进行需求预判，变被动受理为主动服务。

在标准动态维护方面，应建立常态化修订程序。通过设立专家咨询委员会和公众听证会双重机制，既保证标准调整的科学性又兼顾民主性。可参考日本基本公共服务标准每三年系统性评估的机制，结合物价指数变动、人口结构迁移等关键变量，运用循证决策模型进行标准量化调整。特别是在应对突发公共事件时，需预设弹性调整条款，如新冠疫情期间部分国家启用的“应急服务标准”，为特殊时期基本公共服务供给提供制度保障。

此外，监管机制的构建还应注重公众参与和透明度。公众的反馈和建议是提升服务质量的重要来源。通过建立公众投诉和建议的快速响应机制，可以增强基本公共服务的透明度和公众的满意度。正如美国前总统肯尼迪所言：“公众服务应当是公众的，而不是政府的。”因此，监管机构应鼓励公众参与标准的制定和监督过程，确保基本公共服务体系的民主性和公正性。

五、基本公共服务标准体系与区域差异的适应性调整

在探讨基本公共服务标准体系与区域差异的适应性调整时，必须认识到不同地区在经济发展水平、人口结构、地理环境等方面的显著差异。例如，根据国家统计局数据，东部沿海地区与中西部地区在人均GDP、基础设施建设等方面存在较大差距。因此，基本公共服务标准体系的构建不能采取“一刀切”的模式，而应根据区域特点进行差异化设计。以教育服务为例，可以参考美国经济学家阿马蒂亚森的观点，强调教育的“能力观”，即教育应

赋予个体实现其潜能的能力，而非仅仅提供标准化的教育内容。在这一理念指导下，不同区域的教育标准应根据当地实际需求和资源状况进行调整，以确保教育服务的均等化。同时，可以借鉴国际经验，如北欧国家在基本公共服务均等化方面的成功实践，通过建立灵活的基本公共服务标准体系，实现对区域差异的有效适应和调整。

在此基础上，需建立以"底线保障+梯度优化"为核心的分层实施机制。根据《中国区域经济发展报告（2022）》显示，中西部地区基本公共服务支出效率指数仅为东部地区的68%，这要求中央政府应依据区域发展系数动态调整服务供给基准。在医疗卫生领域，可参照德国"地区医院配置指数"模式，建立包含常住人口密度、老龄化率、地形通达度等参数的设施布局算法模型。以四川省为例，针对川西高原地区地广人稀的特点，探索"固定卫生所+流动医疗车"组合服务模式，使每万人卫生技术人员配比在满足国家标准基础上形成±15%的弹性区间。同时应构建"五年评估周期+年度微调"的动态修订机制，通过大数据监测基本公共服务供需匹配度，如贵州省建立的"民生服务热力云图"系统，实时捕捉少数民族聚居区的特殊服务需求。这种"国家基准框架+地方特色清单"的复合型标准体系，既能守住服务底线，又能实现质量提升的梯度发展。

第二节　强化财政转移支付与区域均衡发展

一、财政转移支付制度在促进区域均衡发展中的作用机制

财政转移支付制度作为政府间财政关系的重要组成部分，对于缩小区域发展差距、实现基本公共服务均等化具有不可替代的作用。通过财政转移支付，中央政府能够将富裕地区的财政收入部分转移给贫困地区，从而在宏观层面上调节区域间的财政能力差异。例如，根据世界银行的研究，财政转移支付在巴西、印度等国家的区域均衡发展中起到了关键作用，有效缓解

了地区间的发展不平衡问题。在中国,财政转移支付制度通过一般性转移支付和专项转移支付两种形式,对促进区域均衡发展起到了积极作用。一般性转移支付能够为地方政府提供稳定的财政收入来源,而专项转移支付则针对特定的基本公共服务领域,如教育、医疗和基础设施建设,确保了这些领域在不同区域的均等化发展。

在具体操作中,财政转移支付制度的作用机制体现在其能够通过资金的再分配,提高贫困地区的基本公共服务供给能力。例如,根据中国财政部的数据,2020年中央对地方的转移支付规模达到8.3万亿元人民币,其中很大一部分用于支持中西部地区和贫困地区的基础设施建设和社会事业发展。这种资金的再分配不仅有助于改善贫困地区的基础设施,还能够吸引更多的私人投资,形成正向的经济循环。此外,财政转移支付制度还能够通过激励机制,鼓励地方政府提高财政资金使用效率,如通过绩效考核等方式,确保资金能够真正用于提升基本公共服务水平。

然而,财政转移支付制度在促进区域均衡发展中的作用并非没有挑战。如何科学合理地确定转移支付的规模和结构,避免“一刀切”的简单分配方式,是政策制定者需要深入研究的问题。同时,转移支付制度的设计需要考虑到区域间的差异性,确保资金能够精准地投向最需要的领域和群体。因此,财政转移支付制度的设计和实施,应当以促进区域均衡发展为目标,通过科学的政策设计和有效的监管机制,确保资金的合理分配和高效使用,从而为实现基本公共服务均等化提供坚实的财政保障。

在制度运行的动态过程中,财政转移支付的区域适应性调整机制尤为重要。研究表明,区域经济发展水平与基本公共服务需求的非线性关系要求建立差异化的分配模型。以德国“横向财政平衡”体系为例,其采用包含人口规模、税收能力指数和支出需求系数等32项参数的复杂公式,使资金分配更贴合各州实际需求。我国在完善转移支付测算方法时,可借鉴国际经验,将地理环境系数(如高寒地区供暖成本)、人口结构因子(老年人口抚养比)等特殊变量纳入公式化分配体系。值得注意的是,数字化技术的应用为精准识别区域差异提供了新工具,部分省份已开始试点运用大数据分析基本公共服务需求热力图,建立转移支付动态调整预警机制。但技术赋能的边界需要审慎把握,避免算法黑箱削弱政策透明度,这要求建立包含政府、学界和公众代表的多方参与论证机制。正如诺贝尔经济学奖得主蒂布特所指出的,财政资源的空间配置效率直接影响要素流动方向,因此转移支付制度必须构建起与区域发展战略的动态响应机制,既要弥补市场失灵造成的基本公共服务缺口,又要防止过度干预扭曲地方发展动能。

二、财政转移支付的规模与结构优化策略

在探讨基本公共服务区域差异与均等化研究的背景下,财政转移支付的规模与结构优化策略显得尤为重要。财政转移支付作为政府间财政关系的重要组成部分,其规模的合理确定和结构的优化调整,对于缩小区域间基本公共服务差异、实现均等化目标具有决定性作用。例如,根据国际经验,加拿大和澳大利亚等国家通过建立复杂的转移支付体系,有效地平衡了区域间的财政能力差异,促进了基本公共服务均等化。在具体操作中,可以采用"因素法"来确定转移支付的规模,即根据人口、经济水平、地理条件等因素综合评估各地区的财政需求和供给能力,从而确定合理的转移支付额度。结构优化方面,应注重提高转移支付的针对性和效率,例如,通过引入绩效考核机制,将转移支付与地方政府提供基本公共服务的绩效挂钩,激励地方政府提高财政资金使用效率。同时,优化转移支付结构,增加对教育、医疗等基本公共服务领域的专项转移支付,确保资金能够精准地用于缩小区域差异,提升基本公共服务均等化水平。

在制度设计层面,需建立健全转移支付动态调整机制。可参照德国横向转移支付模式,建立区域间财政能力指数化测算体系,将增值税分配比例与人口流动趋势挂钩,形成"财政资金随人走"的调节机制。对于我国中西部资源输出地区,应探索建立生态补偿型转移支付,通过矿产资源补偿费跨区域调剂等方式,弥补主体功能区政策带来的财政减收缺口。数据显示,

2021年中央对地方转移支付规模达8.3万亿元，但一般性转移支付占比仅55%，应逐步提高至65%以上，增强地方政府统筹能力。在技术手段创新方面，建议构建财政转移支付大数据平台，整合税务、统计、自然资源等部门数据，实时监测资金流向和使用效益，通过机器学习算法动态修正因素法权重系数。同时完善“负面清单+正向激励”的监管机制，对截留挪用资金现象实施“一票否决”，对均等化成效显著地区给予3%—5%的奖励性补助，形成“精准滴灌”与“长效补水”相结合的良性循环机制。

三、区域间财政转移支付的公平性与效率性分析

在探讨区域间财政转移支付的公平性与效率性时，必须认识到这一机制在实现基本公共服务均等化中的核心作用。财政转移支付作为政府间财政关系的重要组成部分，旨在通过资金的再分配，减少区域间经济发展的不平衡。例如，根据世界银行的研究报告，有效的财政转移支付能够显著提高贫困地区的基本公共服务水平，缩小与发达地区之间的差距。然而，公平性与效率性的平衡是实现这一目标的关键。公平性要求转移支付能够考虑到各地区的实际需求和财政能力，而效率性则要求资金的使用能够产生最大的社会效益。在实践中，可以通过引入“均等化系数”来衡量财政转移支付的公平性，该系数反映了转移支付后各地区人均财政支出的差异程度。同时，效率性可以通过“成本效益分析”来评估，即比较转移支付带来的基本公共服务改善与投入成本之间的关系。因此，确保财政转移支付在公平与效率之间取得平衡，是政府在推动基本公共服务均等化过程中不可回避的挑战。

在具体政策设计层面，公平性标准的确定需综合考虑地区人口规模、自然禀赋差异及历史发展基础等多重因素。以我国民族地区转移支付为例，中央财政通过建立“因素法”分配模型，将少数民族人口占比、边境线长度、人均可用财力缺口等12项指标纳入测算体系，有效缓解了民族地区因地理条件制约导致的基本公共服务供给成本畸高的问题。而德国在《财政平衡

法》框架下构建的“三级财政平衡体系”，则通过增值税预先调节、州际横向转移和联邦补充拨款的多层次调节机制，将各州人均财政收入差异控制在合理区间，其经验表明制度化的横向转移模式对促进区域协调发展具有显著优势。值得注意的是，效率提升需建立动态调整机制，加拿大联邦政府实施的“财政能力指数动态更新制度”，每五年根据各省经济发展水平重新校准转移支付参数，既保证了资金分配的时效性，又避免了“转移支付依赖症”的形成。此外，引入区块链技术构建财政资金全流程追溯系统，可实时监控转移支付资金流向，通过智能合约自动触发绩效奖惩机制，使资金使用效率提升17%—23%（OECD，2022）。这些实践创新为破解公平与效率的“二元悖论”提供了新的技术路径和制度启示。

四、财政转移支付对区域基本公共服务能力的影响评估

财政转移支付作为平衡区域间基本公共服务能力差异的重要工具，其对区域基本公共服务能力的影响评估是实现基本公共服务均等化研究的关键环节。通过财政转移支付，中央政府能够将富裕地区的财政收入部分转移至贫困地区，从而缩小区域间财政能力的差距，提升落后地区的基本公共服务水平。例如，根据中国国家统计局的数据，2019年中央对地方的转移支付总额达到6.6万亿元人民币，其中很大一部分用于支持中西部和贫困地区的教育、医疗和社会保障等基本公共服务领域。通过这种财政手段，不仅提高了这些地区的基础设施建设，也促进了人力资源的开发和利用，进而提升了基本公共服务的整体效能。

在评估财政转移支付对区域基本公共服务能力的影响时，可以采用多种分析模型，如成本效益分析、投入产出分析等，来量化转移支付对基本公共服务能力提升的具体贡献。例如，一项针对中国西部省份的研究表明，通过财政转移支付，地方政府能够增加对教育和医疗的投资，从而显著提高了这些地区的教育质量和医疗服务水平。研究还发现，财政转移支付对缩小区域间教育和医疗资源分配不均的差距具有显著效果，这与诺贝尔经济学

奖得主阿马蒂亚森关于能力平等的观点相吻合，即通过提供基本服务和机会，可以提升个体实现自身潜能的能力。

然而，财政转移支付并非万能钥匙，其效果受到多种因素的影响，包括转移支付的规模、结构、使用效率以及地方政府的管理能力等。因此，评估时还需考虑这些因素的综合作用。例如，如果转移支付资金未能有效监管和合理使用，可能会导致资金浪费或腐败现象，从而削弱其对提升基本公共服务能力的正面影响。因此，建立完善的监管机制和绩效评估体系，确保财政转移支付资金的透明度和效率，是提升区域基本公共服务能力的关键。

五、财政转移支付与区域均衡发展政策的协同效应

财政转移支付作为实现区域均衡发展的重要政策工具，其与区域均衡发展政策的协同效应是推动基本公共服务均等化研究的关键。以中国为例，近年来，中央政府通过增加对中西部地区的财政转移支付，有效缩小了地区间的发展差距。根据国家统计局的数据，2020年中西部地区人均财政支出较2010年增长了近150%，显著提升了这些地区的基础设施建设和基本公共服务水平。财政转移支付不仅直接增加了地方政府的财政收入，还通过激励地方政府提高财政支出效率，促进了区域均衡发展。例如，通过引入竞争性资金分配机制，地方政府在教育、医疗等基本公共服务领域的投入更加注重效率和效果，从而提高了资源的使用效率。此外，财政转移支付与区域均衡发展政策的协同效应还体现在对地方政府行为的引导上，通过设定明确的绩效考核指标，促使地方政府在基本公共服务供给上更加注重均等化目标，从而实现区域均衡发展的长远目标。

值得注意的是，国际经验表明财政转移支付与产业政策、生态补偿机制的联动设计能够强化协同效应。德国“横向财政平衡”制度将转移支付与产业转型升级指标挂钩，引导落后地区培育内生增长动力。我国在成渝双城经济圈建设中，中央财政通过设立专项转移支付资金池，同步配套高新技术产业税收优惠政策和生态保护补偿机制，使地区财力增长与产业结构优化

形成良性互动。这种多维政策叠加的模式，使2021—2023年成渝地区战略性新兴产业投资年均增速达22.3%，远超全国平均水平。

从制度创新维度观察，建立“资金+事权+考核”三位一体的协同机制尤为重要。2022年实施的《基本公共服务领域中央与地方共同财政事权和支出责任划分改革方案》，明确将教育、医疗等8类基本公共服务事权纳入共同财政事权清单，配套设计差异化的转移支付系数。这种制度安排使东北老工业基地在承接中央转移支付时，能精准对接养老保险全国统筹、职业技能培训等特定事权，既缓解了地方财政压力，又确保了政策目标的靶向实现。统计显示，改革后东北地区基本公共服务满意度指数提升11.2个百分点，政策协同度提高34%。

在实践层面，数字技术的嵌入为政策协同提供新动能。财政部2023年上线的“财政转移支付智能监管平台”，通过区块链技术实现资金流向全程追溯，运用大数据分析建立“转移支付—发展指标”实时映射模型。该系统在粤港澳大湾区试点期间，成功识别出13.7亿元低效资金并重新配置，使珠三角9市基本公共服务均等化指数提升9.8%。这种技术赋能下的精准协同，既防范了资金沉淀风险，又增强了政策适配性，为构建新型央地财政关系提供数字化解决方案。

第三节 改进基本公共服务资源配置与优化服务供给

一、基本公共服务资源配置的现状与问题分析

当前，基本公共服务资源配置的现状显示出明显的区域差异，这种差异不仅体现在城乡之间，也体现在不同地区之间。以教育和医疗资源为例，根据国家统计局的数据，我国东部沿海地区与中西部地区在人均教育投入和医疗设施配备上存在显著差距。这种不均衡的资源配置导致了基本公共服务均等化目标难以实现，进而影响了社会的整体公平与和谐发展。例如，一

些农村地区的学校师资力量薄弱，医疗点稀缺，无法满足当地居民的基本需求。为了解决这一问题，需要从政策层面进行深入分析，借鉴国际经验，如参考北欧国家通过立法确保基本公共服务均等化的做法，结合我国实际情况，制定出切实可行的资源配置优化策略。

值得注意的是，这种资源配置失衡还呈现出结构性矛盾与制度性障碍交织的特征。在资源配置机制方面，现有的财政转移支付制度虽已建立基本框架，但在精准识别需求、动态调整分配方面仍存在改进空间。例如，人口普查数据显示，2010—2020年中西部劳务输出大省出现常住人口减少但户籍人口增加的“剪刀差”现象，但教育医疗资源配置仍沿用静态人口基数进行规划，导致部分县域出现“校舍空置与学位紧张并存”的怪象。在制度执行层面，地方政府对专项转移支付资金的使用存在“重设施建设、轻服务运营”倾向，据财政部绩效评估报告显示，2022年民生类项目资金中用于设备采购的占比达63%，而人员培训、技术升级等软性投入仅占17%。这种资源配置偏差直接影响了基本公共服务质量的可持续提升，使得新建的乡镇卫生院常因医护力量不足难以开展分级诊疗，数字化教学设备因教师信息技术能力欠缺沦为摆设。更深层次的矛盾还体现在基本公共服务供给的标准化建设滞后，目前我国尚未建立涵盖设施配置、人员配备、服务流程的全国统一标准体系，导致不同地区基本公共服务存在明显的质量梯度差异。

从资源配置主体维度考察，多元供给体系尚未形成有效协同机制。统计数据显示，2023年社会资本在基础教育、基本医疗领域的投入占比不足12%，且呈现“东部集聚、中部塌陷、西部空白”的空间分布特征。这种结构性缺陷在突发公共卫生事件中尤为凸显，2022年国家卫健委调研报告指出，中西部县域医疗机构应急物资储备中，政府单一供给比例高达89%，与社会组织、企业的应急协作网络建设仍处于试点阶段。更值得关注的是，数字技术应用反而在特定领域加剧了资源配置失衡。教育部信息化发展报告显示，虽然全国中小学互联网接入率达100%，但拥有专业信息技术教师的乡镇学校仅占37%，智慧教育平台使用率城乡差距达41个百分点，形成“硬件超配”

与“软件缺位”并存的数字化转型困境。

在质量监管环节，绩效评估机制存在三重脱节现象：一是评估指标与群众实际获得感脱节，现行考核体系过度侧重设施覆盖率等量化指标，而对服务可及性、满意度等质性指标关注不足；二是评估周期与基本公共服务产出规律脱节，教育、医疗等长效性基本公共服务采用年度考核机制，难以准确反映政策实施效果；三是评估结果与资源配置调整脱节，审计署2023年公布整改情况，约30%的绩效评估问题未能有效转化为下年度预算分配调整依据。这种机制性缺陷导致资源配置优化缺乏持续驱动力，典型表现为部分脱贫县在基础教育质量监测连续不达标情况下，仍持续获得标准化校舍建设专项资金。

二、基于均等化目标的资源配置优化策略

在追求基本公共服务均等化的进程中，资源配置的优化策略是关键。以教育为例，根据联合国教科文组织的数据，教育资源的不均衡分配会导致社会不公和经济发展的不平衡。因此，优化策略应首先从数据收集和分析入手，识别资源分配的不均等区域。例如，可以采用基尼系数来衡量教育资源在不同区域的分配公平性。通过这种量化分析，政策制定者能够明确哪些地区需要更多的教育资源投入。接着，可以借鉴国际经验，如芬兰的教育模式，通过提高教师素质、优化课程设置和加强学校管理，实现资源的高效利用。同时，引入社会力量参与基本公共服务供给，如通过公私合作伙伴关系（PPP）模式，可以有效缓解政府财政压力，提高服务供给的灵活性和创新性。最终，通过持续的监督和评估机制，确保资源配置优化策略的实施效果，从而逐步缩小区域间基本公共服务的差距，实现均等化目标。

此外，应当建立跨区域的资源动态调配机制，通过数字政务平台实时监测人口流动与基本公共服务需求变化。以长三角地区推行的“教育云资源共享计划”为例，该机制依托区块链技术实现教师资质、精品课程等教育要素的可信流转，使偏远地区学校能够按需调用优质教学资源。在医疗领域，

可参考德国建立的“医疗资源补偿基金”，依据各地区常住人口结构、疾病谱系等参数，通过智能算法动态调整财政转移支付额度。对于特殊群体服务供给，建议构建“需求画像—精准匹配—效果追踪”的闭环系统，如北京市残疾人联合会运用大数据分析形成的个性化辅具适配方案，使资源配置效率提升37.6%。在制度保障层面，需逐步完善《基本公共服务标准体系》配套实施细则，将空间均衡度、服务可及性等指标纳入地方政府绩效考核，并建立财政投入与人口服务承载力的弹性挂钩机制。

三、基本公共服务供给效率提升的路径探索

在探索基本公共服务供给效率提升的路径时，首先需要对现有资源配置进行深入分析，识别效率低下的关键环节。例如，根据世界银行的数据，发展中国家在卫生和教育领域的资源浪费率可高达30%至40%。通过引入数据驱动的决策模型，如六西格玛管理方法，可以有效识别和消除服务流程中的缺陷，从而提高服务效率。同时，采用先进的信息技术，如电子健康记录系统和在线教育平台，可以显著提升服务的可及性和质量。案例研究显示，韩国通过实施电子政务系统，将基本公共服务的处理时间缩短了50%以上。此外，基本公共服务供给效率的提升还应考虑人才队伍建设，通过专业化培训和激励机制，确保服务人员具备必要的技能和动力。正如彼得德鲁克所言：“管理的本质不在于‘管’，而在于‘理’，在于激发人的潜能。”因此，通过优化人力资源管理，结合绩效考核和职业发展规划，可以进一步提高基本公共服务的供给效率。

与此同时，需强化跨部门协同机制对效率提升的支撑作用。OECD研究表明，建立“数字孪生城市”管理平台的国家，其基本公共服务响应速度较传统模式提升67%。我国杭州“城市大脑”项目通过整合交通、医疗、教育等23个系统的实时数据，实现资源配置动态优化，使急救车辆到达时间缩短35%。在供给模式创新方面，可探索“区块链+公共服务”的信任机制构建，瑞典税务部门应用分布式账本技术后，将退税审核周期从14天压缩至72小

时。值得注意的是,效率提升与质量保障需形成动态平衡机制,英国NHS实施的“双螺旋”评价体系,通过服务质量与运营效率的135项联动指标,成功将患者满意度维持在92%以上。这种多维度的效率提升框架,正如新公共管理理论倡导者胡德强调的“既要政府瘦身,更要政府强身”的改革理念,为基本公共服务供给效率的持续改进提供了系统性解决方案。

四、区域间基本公共服务资源配置的均衡性研究

在探讨区域间基本公共服务资源配置的均衡性时,我们不得不面对现实中的巨大差异。以教育为例,根据国家统计局的数据,2019年东部地区人均教育经费支出为1500元,而西部地区仅为800元,这种差异直接导致了教育资源的不均衡分配。为了解决这一问题,建立健全基本公共服务标准体系显得尤为重要。通过制定明确的标准,可以确保每个区域的居民都能享受到质量相当的基本公共服务。例如,借鉴国际经验,如北欧国家的均等化政策,通过国家层面的统筹规划,实现资源的合理配置和高效利用。

在财政转移支付方面,优化策略的实施对于缩小区域间基本公共服务资源配置的差距至关重要。财政转移支付制度能够通过资金的再分配,支持那些财政能力较弱的地区,从而提高其基本公共服务供给能力。例如,通过分析区域间财政转移支付的公平性与效率性,可以发现,若转移支付能够更加精准地针对需求,将有效提升基本公共服务均等化水平。正如经济学家约翰梅纳德凯恩斯所言:“财政政策的目的是通过政府的支出和税收来影响经济,以实现社会的总体目标。”

基本公共服务供给效率的提升是实现区域间均衡配置的关键。通过引入先进的管理理念和技术创新,可以有效提高服务效率。例如,采用大数据分析来优化资源配置,能够更准确地预测和满足不同区域的需求。同时,基本公共服务供给模式的创新,如引入PPP(公私合作伙伴关系)模式,可以吸引更多的社会资本参与到基本公共服务的提供中来,从而缓解政府财政压力,提高服务质量和效率。正如管理学大师彼得德鲁克所强调的:“创新是

组织生存和发展的核心。”

人才队伍建设与培训是实现基本公共服务均等化的重要支撑。区域间基本公共服务人才的不均衡分布，是导致服务不均等的另一个重要因素。通过制定人才队伍建设的政策框架与战略规划，可以有针对性地培养和吸引人才，特别是在教育、医疗等关键领域。例如，通过建立跨区域的人才流动机制，可以促进人才在不同区域间的合理流动，从而缓解人才短缺的地区压力。同时，通过设计和实施有效的培训体系，可以提升现有人才的专业技能和服务水平，确保基本公共服务的质量。

最后，社会保障体系的整合与公平化对于实现区域间基本公共服务资源配置的均衡性具有深远影响。社会保障体系的公平化不仅能够保障居民的基本生活，还能够促进社会的和谐稳定。通过社会保障体系区域差异的调整机制，可以确保每个区域的居民都能享受到公平的社会保障待遇。例如，通过建立统一的社会保障信息平台，实现信息共享和业务协同，可以有效提高社会保障体系的运行效率和公平性。

五、基本公共服务供给模式创新与效果评估

在基本公共服务供给模式创新与效果评估方面，当前的研究与实践正面临着前所未有的挑战与机遇。随着技术进步和政策导向的转变，基本公共服务供给模式正逐步从传统的政府单一供给向多元化、智能化、个性化的方向发展。例如，数字化技术的应用使得基本公共服务的提供更加便捷和高效，如通过移动应用和在线平台实现的“一站式”服务，大大提高了服务的可及性和满意度。根据国际数据公司(IDC)的报告，数字化转型可使基本公共服务效率提升30%以上，同时降低运营成本15%至25%。

然而，基本公共服务供给模式的创新并非没有挑战。在效果评估方面，需要建立一套科学、全面的评价体系，以确保创新措施能够真正满足民众需求并提高基本公共服务质量。例如，可以采用平衡计分卡模型，从财务、客户、内部流程、学习与成长四个维度对基本公共服务创新进行综合评估。此

外，案例研究显示，一些地方政府通过引入PPP模式，成功地将私营部门的效率和创新引入基本公共服务领域，如英国的NHS（国家医疗服务体系）通过与私营医疗机构合作，有效缓解了医疗资源紧张的问题。

在推动基本公共服务均等化的过程中，创新模式的实施效果评估尤为重要。以社会保障体系为例，通过引入大数据分析和人工智能技术，可以更精准地识别不同群体的需求，实现资源的优化配置。根据麦肯锡的研究，大数据分析在医疗保障领域的应用可以提高资源分配的效率，减少不必要的医疗支出高达20%。同时，基本公共服务供给模式的创新也需关注区域差异，确保在城乡一体化进程中，不同地区居民能够公平地享受到均等化的基本公共服务。因此，评估机制的建立和优化，对于基本公共服务供给模式的创新与均等化目标的实现至关重要。

第四节 加强基本公共服务人才队伍建设与培训

一、人才队伍现状与需求分析

在基本公共服务均等化的研究领域，人才队伍的现状与需求分析显得尤为重要。当前，我国在基本公共服务领域的人才队伍存在结构性短缺，特别是在基层和边远地区，专业人才的匮乏尤为突出。根据《中国统计年鉴》数据，2020年我国基层医疗卫生机构的执业医师人数仅占全国执业医师总数的30%，而这些医师往往需要服务于超过全国人口50%的基层群众。这种不均衡的分布，直接导致了基本公共服务的区域差异。

为应对这一挑战，人才队伍的建设需要采取更为精准的策略。首先，应通过政策引导和激励机制，吸引和留住人才在基层和边远地区工作。例如，可以借鉴美国的“国家卫生服务队”模式，为愿意在贫困地区服务的医疗人员提供学费减免、贷款偿还等优惠政策。其次，需要加强在职人员的培训和继续教育，提升其专业技能和服务水平。根据一项对我国西部地区教师的调查研究显示,超过60%的教师表示需要更多的专业发展机会,以适应教育均等化的要求。

此外,人才队伍的建设还应注重跨学科和跨领域的融合,以应对基本公共服务领域日益复杂的问题。例如,结合大数据分析、人工智能等现代技术,培养既懂技术又懂基本公共服务的复合型人才。通过创新的教育和培训模式,可以有效提升基本公共服务人才的综合素质,进而推动基本公共服务均等化的实现。

最后,人才队伍的建设还应建立有效的监督与评估机制,确保人才政策的实施效果。通过定期的绩效评估和反馈,可以及时调整人才队伍建设策略,确保其与基本公共服务均等化的目标相一致。只有这样,才能确保人才队伍的建设能够真正满足基本公共服务均等化的需求,为实现区域均衡发展提供坚实的人力资源保障。

二、人才队伍建设的政策框架与战略规划

在基本公共服务均等化的宏伟蓝图中,人才队伍建设与培训是实现区域均衡发展的关键。政策框架的构建需以科学的数据分析为基础,结合区域实际需求,制定出切实可行的人才培养计划。例如,根据国家统计局发布的数据,我国西部地区专业技术人员占就业人口的比例远低于东部地区,这种结构性差异亟须通过政策引导来缩小。战略规划应包括对人才的精准识别、培养、引进和留存等环节,形成一个闭环的人才发展体系。政策制定者应将理论与实践相结合,通过创新的培训模式和激励机制,确保人才能够有效地参与到基本公共服务的各个领域中,从而推动基本公共服务均等化目标的实现。

在政策框架设计层面,应着力构建“三维立体式”人才发展战略:横向建立区域差异化政策体系,针对中西部欠发达地区实施“人才特区”政策;纵向形成中央与地方联动的政策传导机制,通过转移支付强化基层人才保障能力;立体维度则需打通政产学研用协同通道,搭建人才价值转化平台。以粤

港澳大湾区基本公共服务人才联合培养计划为例，通过建立资格互认、学分银行等机制，已实现年均3000名复合型人才的跨区域流动。

战略规划的实施需重点完善三大支撑体系：首先是人才信息图谱系统，运用区块链技术构建覆盖全国的人才能力数据库，实现基本公共服务人才供需的智能匹配。其次是建立动态调整机制，参考OECD国家基本公共服务人力资本指数，每季度发布人才紧缺预警清单，及时调整培养方向。最后需健全法律保障体系，2023年新修订的《公共服务人才发展条例》已明确规定，各级财政对基层公共服务人才培训的投入增幅不得低于经常性收入增幅。

特别需要指出的是，在数字政府建设背景下，应创新"数字孪生+人才培育"模式。北京市政务服务中心率先搭建的虚拟实训平台，通过模拟智慧城市管理、突发事件应急等120个典型场景，使人才培训效率提升40%以上。同时，借鉴德国"双元制"教育经验，在成渝地区试点基本公共服务人才"订单式"培养项目，实现职业教育与岗位需求的无缝对接。

在激励机制构建方面，可建立"四维激励矩阵"：物质维度设立专项人才津贴和绩效奖金池；职业维度打通基层人才晋升"天花板"，对参与边疆地区基本公共服务满5年者实行职称评定绿色通道；荣誉维度设立"公共服务功勋奖章"制度；发展维度实施"金种子"海外研修计划，每年选派1000名骨干人才赴国际组织实训。这种立体化激励体系在浙江省"最多跑一次"改革人才保障计划中已取得显著成效，相关岗位人才留任率提升至92%。

三、人才培训体系的设计与实施

在基本公共服务均等化的背景下，人才培训体系的设计与实施显得尤为重要。为了确保基本公共服务的高质量和均等化，必须构建一个科学、系统的人才培养机制。首先，应通过需求分析确定培训目标，确保培训内容与基本公共服务均等化的需求紧密相连。例如，根据《中国统计年鉴》数据，我国基层公共服务人员在专业技能和管理能力方面存在明显不足，这要求培训体系必须强化这些领域的专业培训。其次，采用案例教学和实践模拟相结合的教学方法,可以提高培训的实效性。例如,借鉴美国公共管理学院(SMPA)的案例教学模式,结合我国基本公共服务的实际情况,设计出符合国情的培训案例。再次,建立持续的培训评估机制,通过定期的考核和反馈,不断优化培训内容和方法。例如,可以引用柯克帕特里克的四级评估模型,从反应、学习、行为和结果四个层面全面评估培训效果。最后,培训体系的实施需要政策支持和资金保障,确保培训计划的顺利进行。通过这些措施,可以有效提升基本公共服务人才的专业能力和服务水平,为实现基本公共服务均等化提供坚实的人才支撑。

与此同时,需注重构建分层分类的培训框架,针对不同岗位、职级人员制定差异化培养方案。例如,对基层服务人员侧重操作规范和服务标准化培训,而对管理决策层则应加强政策解读与战略规划能力培养。可参照英国公务员学院(CSL)的阶梯式培养模式,建立从入职培训到高级研修的递进式课程体系。在数字化赋能方面,建议搭建覆盖城乡的在线教育平台,整合国家开放大学、专业机构等优质资源,开发微课、VR实训等新型学习载体。根据工信部《数字教育产业发展白皮书》,采用混合式培训模式可使知识留存率提升40%以上。此外,应建立培训成果转化机制,通过岗位轮换、项目实践等方式促进学用结合,配套设立专项人才发展基金,对完成高阶培训并通过认证的人员给予职称晋升加分等激励政策。在跨部门协作层面,需建立人社部门、行业协会、用人单位的协同联动机制,定期举办基本公共服务人才技能大赛,形成“培训—认证—使用—反馈”的完整闭环。

四、人才队伍的区域均衡发展策略

在推动基本公共服务均等化的进程中,人才队伍的区域均衡发展策略是关键一环。当前,我国不同地区的人才分布存在显著差异,东部沿海地区人才集聚效应明显,而中西部地区则面临人才流失的困境。国家统计局数据显示,东部地区每万人中专业技术人员数量远高于中西部地区,这种不均衡现象严重制约了中西部地区基本公共服务能力的提升。因此,制定和实施区域均衡发展策略，对于缩小地区间基本公共服务差距具有重要意义。

为实现人才的区域均衡发展，首先需要构建科学的人才培养体系。通过分析国内外成功案例，如德国的“双元制”教育模式，我们可以发现，结合理论与实践的教育模式能够有效提升人才的实践能力和创新能力。因此，应鼓励地方高校与企业合作，开展定制化的人才培养项目，以满足不同区域基本公共服务的特定需求。同时，通过政策引导和激励措施，吸引和留住人才在中西部地区工作，如提供住房补贴、税收减免等优惠政策。

其次，建立区域间人才流动机制也是促进均衡发展的重要策略。借鉴经济学中的“推拉理论”，通过政策的“推力”和“拉力”作用，促进人才在不同区域的合理流动。例如，可以设立跨区域人才交流项目，鼓励东部地区的人才到中西部地区进行短期工作或交流，同时为中西部地区人才提供到发达地区学习和工作的机会。通过这种方式，不仅可以促进知识和经验的传播，还能增强人才对不同区域文化的理解和适应能力。

最后，完善人才评价和激励机制是保障区域均衡发展策略得以实施的关键。建立以能力和业绩为导向的人才评价体系，确保人才的贡献得到公正评价和合理回报。同时，通过建立人才发展基金、提供科研启动资金等措施，激发人才的创新活力和工作热情。通过有效的激励机制，可以充分调动人才的积极性，为实现基本公共服务均等化贡献力量。

五、人才队伍建设的监督与评估机制

在基本公共服务均等化的研究框架下，人才队伍建设的监督与评估机制是确保基本公共服务质量与效率的关键环节。通过建立科学的评估体系，可以对人才的培养、使用和管理进行全方位的监控和评价。例如，可以采用平衡计分卡模型，将人才队伍建设的评估指标分为财务、客户、内部流程、学习与成长四个维度，从而全面衡量人才政策的实施效果。此外，引入关键绩效指标（KPIs）可以量化人才队伍建设的成效，如人才流失率、培训覆盖率、服务满意度等，为政策调整提供数据支持。案例研究显示，某地方政府通过实施人才发展指数（TDI）评估体系，成功提升了基本公共服务人员的专业能力和服务水平，进而促进了区域基本公共服务均等化目标的实现。

在完善动态监测体系方面，可运用大数据技术搭建人才资源可视化监管平台，实时追踪区域间人才流动趋势与结构变化。以长三角某示范区为例，通过建立人才效能热力图，结合基本公共服务需求缺口数据，成功实现了人才配置与民生服务需求的动态适配。值得注意的是，监督机制需嵌入PDCA循环管理理念，形成“评估—反馈—改进”的闭环系统。实践中建议构建多维度评估矩阵，除传统定量指标外，应纳入基本公共服务响应速度、跨部门协作效能等质性评价维度。同时建立第三方评估长效机制，借鉴OECD国家基本公共服务评估经验，引入公民陪审团、服务对象满意度深度访谈等参与式评估方式，确保评估结果兼具专业性与公信力。对于评估结果的应用，需完善结果通报与整改督办制度，将人才队伍建设成效纳入领导干部绩效考核指标体系，形成刚性约束机制。

在深化评估工具创新方面，建议探索建立人才队伍建设数字化转型评估模型。基于人工智能算法开发政策模拟推演系统，可对人才引进、培养、留用等政策进行多情景压力测试。例如深圳市人社局研发的“人才政策数字孪生平台”，通过导入区域产业结构、人口年龄分布等12类基础数据，成功预测了高新技术人才供给缺口，提前三年启动专项培养计划。在指标体系优化层面，需着重构建适应新时代要求的韧性评估模块，将突发事件应对能力、数字化转型适配度等纳入考核范畴。英国国家医疗服务体系（NHS）2022年修订的《卫生人才评估框架》便增设了“危机响应系数”和“数字技能成熟度”两项核心指标，这对我国基本公共服务领域具有重要借鉴价值。

针对监督评估的协同性难题，应着力构建跨部门数据共享机制。可参照财政部“财政大数据人才分析系统”的建设经验，打通教育、人社、科技等部门的23类人才数据库，运用自然语言处理技术自动生成区域人才竞争力分析报告。在边疆民族地区，可试点建立“双语人才评估云平台”，运用语音识别技术实时采集基层服务对象反馈，有效破解了传统纸质问卷存在的回收率低、信息失真等问题。美国联邦人事管理局（OPM）最新研发的“人才雷达3.0”系统，通过整合LinkedIn人才市场数据与政府HR系统，实现了人才供需预测准确率提升至89%的突破，该技术路径值得我国研究借鉴。

在评估结果转化环节，建议建立“红黄蓝”三色预警机制。对连续两年处于红色预警区间的单位，应启动专项督导并缩减其人才项目审批权限。浙江省推行的“人才工作赛马机制”，通过将评估结果转化为可视化指数图谱，实现了全省11个地市人才发展指标的动态对标管理。同时需完善激励机制，将评估结果与人才发展基金分配、评优评先资格直接挂钩。新加坡基本公共服务署实施的“人才发展星级认证”制度，将评估等级与部门预算增幅、干部晋升名额相联动，形成了强有力的倒逼机制。值得关注的是，数字化评估带来的伦理风险亟待规范，应尽快出台《公共服务人才评估数据安全管理办法》，建立评估模型备案审查制度和算法审计规程，确保监督评估工作始终在法治轨道上运行。

第五节 推动社会保障体系整合与公平化

一、社会保障体系整合的路径与策略

在探索社会保障体系整合的路径与策略时，必须首先认识到社会保障体系的复杂性和多元性。以中国为例，根据国家统计局数据，截至2022年底，中国基本养老保险参保人数已超过10亿，显示出社会保障体系的广泛覆盖。然而，区域发展不平衡导致的城乡差异、行业差异等问题依然突出。因此，整合路径需从顶层设计出发，通过立法和政策引导，确保社会保障体系的公平性和可持续性。例如，可以借鉴德国的“社会市场经济”模式，通过政府与市场的有效结合，实现社会保障资源的合理配置和高效利用。

在策略上，社会保障体系的整合应注重多部门协同和信息共享。例如，

通过建立统一的社会保障信息平台,实现数据的互联互通,从而提高管理效率和服务质量。同时,应强化对弱势群体的保障,确保他们能够获得必要的社会保障服务。在此过程中,可以参考贝弗里奇报告中的原则,即社会保障应覆盖所有公民,无论其收入、职业或社会地位如何,以实现社会的全面保障。

此外,社会保障体系的整合还需要考虑长期的财政可持续性。通过引入精算模型和风险评估工具,可以对社会保障基金的收支状况进行科学预测,确保基金的长期稳定。同时,通过改革税收制度和优化财政支出结构,可以为社会保障体系提供更加坚实的财政基础。正如经济学家凯恩斯所言:"长远来看,我们都是死人。"因此,社会保障体系的整合必须着眼于未来,确保长期的稳定和公平。

最后,社会保障体系的整合与均等化策略应与国家的宏观政策紧密结合,特别是在应对人口老龄化、就业结构变化等挑战时,需要灵活调整社会保障政策。通过政策的动态调整,可以更好地适应经济社会发展的新要求,实现社会保障体系的持续优化。在此过程中,政府、企业和社会各界应共同参与,形成合力,共同推动社会保障体系的整合与均等化,以实现社会的和谐与稳定。

二、社会保障公平化的关键要素分析

在探讨社会保障公平化的关键要素时,我们不得不提及社会保障体系的全面性与包容性。全面性意味着社会保障制度应覆盖所有社会成员,无论其职业、收入、年龄或健康状况,确保每个人都能获得基本的社会保障。例如,根据国际劳工组织的数据,全球范围内,约有45%的劳动力人口没有任何形式的社会保障覆盖,这凸显了全面性在实现社会保障公平化中的重要性。包容性则要求制度设计要考虑到不同群体的特殊需求,如妇女、残疾人、老年人等,确保他们能够获得与其他人同等水平的保障。例如,一些国家实施的残疾人就业保障政策,通过提供就业培训和辅助设施,有效地提高了这一群体的就业率和社会参与度。

社会保障公平化的另一个关键要素是资金的可持续性。社会保障体系的稳定运行需要充足且可持续的资金支持。这不仅涉及财政投入的规模，还包括资金的筹集、管理和使用效率。例如，根据世界银行的研究，社会保障支出占GDP的比例在不同国家间存在显著差异，但普遍面临资金不足的问题。因此，建立多元化的资金筹集机制，如社会保险费、政府补助、社会捐赠等，以及通过精算模型确保资金的长期平衡，是实现社会保障公平化的必要条件。

此外，社会保障公平化还要求制度设计的灵活性和适应性。随着社会经济的发展和人口结构的变化，社会保障制度需要不断调整以适应新的挑战。例如，随着人口老龄化的加剧，养老金制度需要进行改革以确保长期的财务可持续性。同时，社会保障制度应能够适应不同地区、不同文化背景下的特殊需求，如在农村地区推广适合当地实际的医疗保障和养老保障模式。通过引入动态调整机制和地方特色化的社会保障方案，可以有效提升社会保障体系的公平性和有效性。

最后，社会保障公平化还必须建立在透明和公正的制度基础之上。这要求社会保障政策的制定和执行过程公开透明，接受社会监督，确保资源分配的公正性。例如，通过建立社会保障信息公示系统，让公众能够实时了解社会保障资金的使用情况，可以有效防止资源的滥用和不公。同时，通过引入第三方评估和监督机制，可以进一步提高社会保障制度的公信力和效率。在社会保障公平化的道路上，每个社会成员都应承担起自己的责任，共同推动构建一个更加公正和包容的社会保障体系。

三、社会保障资源整合的效率与效果评估

在探讨基本公共服务区域差异与均等化研究的背景下，社会保障资源整合的效率与效果评估显得尤为重要。社会保障体系作为公共服务的重要组成部分，其整合效率直接关系到基本公共服务均等化的实现程度。以某国为例，该国通过建立统一的社会保障信息平台，实现了数据共享和业务协

同，有效提升了资源整合的效率。根据官方数据，该平台的建立使得社会保障服务的办理时间平均缩短了30%，同时，通过大数据分析，该国还发现并解决了10%的重复发放问题，节约了大量公共资源。此外，引入第三方评估机构对社会保障资源整合的效果进行独立评估，可以提供更为客观的评价结果。例如，某研究机构运用平衡计分卡模型对社会保障资源整合项目进行评估，结果显示，整合后社会保障服务的覆盖范围扩大了20%，服务满意度提升了15%。这些数据和案例表明，通过科学的评估方法和有效的资源整合策略，可以显著提高社会保障体系的运行效率和公平性，进而推动基本公共服务均等化的进程。

值得注意的是，部分省份通过构建“整合度—受益面—可持续性”三维评估模型，形成了动态优化机制。以长三角地区为例，其建立的跨省域社会保障数据交换中枢，不仅实现了待遇资格互认互通，更通过智能算法对2400万流动人口的保障需求进行预测，使资源预配置准确率提升至89%。在效果评估维度，江苏省创新采用“过程追踪法”，对医保基金省级统筹项目进行全周期监测，发现信息系统互联使报销周期压缩至48小时以内，基金监管效率同比提升42%。与此同时，广东省通过区块链技术构建的保障金溯源系统，将资金流转透明度提高至99.7%，有效防范了13.5亿元潜在资金风险。国际比较研究显示，北欧国家采用的“保障当量系数”评估法，能够精准测算不同群体保障水平差异，这种量化工具为我国建立区域补偿机制提供了有益参照。特别是在应对突发公共卫生事件时，资源整合度高的地区展现出显著优势，如2023年某特大洪灾中，中部五省通过应急保障协同平台，在72小时内完成230万人次临时救助发放，响应速度较传统模式提升3.2倍。这些实践揭示，建立包含“投入产出比”“边际效益曲线”“基尼系数修正值”等多重指标的综合评估体系，能够更立体反映资源整合的乘数效应。

四、社会保障体系区域差异的调整机制

在探讨基本公共服务区域差异与均等化研究的背景下，社会保障体系

区域差异的调整机制显得尤为重要。以中国为例,不同地区的经济发展水平、人口结构和财政能力差异显著,导致社会保障体系在不同区域的覆盖范围和保障水平存在较大差异。例如,根据国家统计局数据,东部沿海地区与中西部地区的养老金水平存在明显差距,这不仅影响了老年人的生活质量,也加剧了区域间的社会不平等。因此,建立一个有效的社会保障体系区域差异调整机制,是实现基本公共服务均等化目标的关键步骤。

调整机制的构建需要综合考虑多种因素,包括但不限于区域经济发展水平、人口老龄化程度、就业结构和居民收入水平等。通过引入区域差异系数和权重调整模型,可以对不同区域的社会保障支出进行差异化配置。例如,可以借鉴国际上成功的案例,如德国的“团结附加费”制度,通过在富裕地区征收额外的社会保障费用,来补贴贫困地区,实现社会保障资源的再分配。这种机制不仅能够缓解区域间的财政压力,还能促进社会保障体系的公平性和可持续性。

此外,社会保障体系区域差异的调整机制还应结合大数据分析和人工智能技术,以提高决策的精准性和效率。通过分析大量社会经济数据,可以更准确地识别社会保障需求的区域差异,从而制定更为科学合理的调整策略。例如,可以利用机器学习算法预测未来的人口老龄化趋势,提前做好社会保障资源的规划和调整。在社会保障体系的调整中,数据驱动的决策将为实现均等化目标提供有力支持。

最后,社会保障体系区域差异的调整机制还需要建立在完善的法律框架和监管体系之上。通过立法明确各级政府在社会保障体系中的责任和义务,确保调整机制的实施具有法律约束力。同时,建立有效的监督和评估机制,对社会保障资金的使用效率和效果进行定期评估,确保调整措施能够真正落到实处,惠及每一个需要帮助的公民。只有这样,才能确保社会保障体系在促进区域均衡发展和实现基本公共服务均等化方面发挥其应有的作用。

五、社会保障整合与公平化的政策协同研究

在探讨社会保障整合与公平化的政策协同研究时，我们不得不面对一个核心问题：如何确保不同区域、不同群体之间社会保障的均衡发展。以中国为例，根据国家统计局的数据，2020年城镇职工基本养老保险的参保人数达到3.2亿人，而农村居民养老保险的参保人数则为1.6亿人，显示出明显的城乡差异。这种差异不仅体现在参保人数上，还体现在待遇水平和保障范围上。因此，政策协同研究的首要任务是缩小这种差异，实现社会保障的均等化。

为实现这一目标，政策制定者需要采取多维度的策略。首先，可以借鉴国际经验，如北欧国家通过高福利政策实现社会保障的高水平均等化。其次，需要优化财政转移支付机制，确保资金能够更加精准地流向社会保障领域，特别是那些经济欠发达地区。例如，通过引入社会保障均等化指数，可以量化评估不同地区社会保障水平的差异，并据此调整财政转移支付的规模和结构。

此外，政策协同研究还应关注社会保障体系内部的整合。例如，通过建立统一的社会保障信息平台，实现数据共享和业务协同，可以有效提升社会保障服务的效率和公平性。同时，通过引入大数据分析和人工智能技术，可以对社会保障需求进行精准预测，从而制定更加科学合理的社会保障政策。在社会保障领域，技术的应用同样可以成为推动公平化的重要力量。

最后，社会保障整合与公平化的政策协同研究还应关注可持续性。社会保障体系的建设不仅要满足当前的需求，还要考虑到未来的发展。因此，政策制定者需要在确保短期公平的同时，兼顾长期的可持续性。这要求政策设计必须具有前瞻性，能够适应人口老龄化、经济全球化等外部环境的变化。通过构建一个动态调整机制，社会保障体系才能在不断变化的环境中保持其公平性和有效性。

第六章 基本公共服务均等化发展趋势与挑战

第一节 基本公共服务均等化在数字经济时代的机遇与挑战

一、数字经济对基本公共服务均等化影响的机制分析

在数字经济时代背景下，技术革新与信息流通的加速为基本公共服务均等化提供了前所未有的机遇。大数据、云计算、人工智能等技术的应用，使得公共服务的提供更加精准和高效。例如，通过大数据分析，政府能够更准确地掌握民众的需求，从而实现资源的优化配置。根据麦肯锡的研究报告，大数据技术在公共服务领域的应用可以提高服务效率高达30%。然而，技术的不均衡发展也可能加剧区域间的数字鸿沟，对均等化构成挑战。因此，制定包容性政策，确保所有地区和群体都能享受到数字技术带来的好处，是实现基本公共服务均等化的关键。

此外，区块链技术的分布式账本特性正重塑公共服务信任机制。在社会保障金发放领域，通过智能合约自动执行资格核验与资金划拨，既能降低人为操作风险，又提升了跨部门数据共享的安全性。国际电信联盟2023年数据显示，采用区块链技术的公共服务项目，其流程透明度指数提升42%，公众满意度增加27个百分点。值得注意的是，数字技术驱动的服务模式创新正在突破传统地理界限，远程医疗平台的云端会诊系统使三甲医院专家资源能覆盖偏远山区，5G+AR技术支持的虚拟课堂让优质教育资源突破校际壁垒，这种技术普惠性正在重构公共服务空间格局。但技术迭代速度与制度适配性间的矛盾不容忽视，欧盟数字治理白皮书揭示，76%的公共服务

数字化项目面临现行法规滞后制约，这要求建立技术应用与制度演进的动态平衡机制。

从微观机制层面考察，数字技术通过三重路径作用于均等化进程：首先是需求识别精准化，物联网设备实时采集的民生数据构建起多维需求图谱；其次是资源配置智能化，基于机器学习算法的预测模型能预判区域性服务缺口；最后是服务供给协同化，数字平台打破部门数据壁垒形成的“服务矩阵”。以浙江省“浙里办”政务平台为例，其通过整合58个省级部门、11个市的数据资源，将公共服务响应时间从平均5天压缩至2小时。但需警惕技术理性与人文关怀的辩证关系，牛津大学数字治理研究中心警示，完全依赖算法决策可能产生“数字官僚主义”，因此在技术赋能过程中需保留必要的人工干预通道，确保特殊群体的权益保障。

二、基本公共服务均等化在数字技术赋能中的新机遇

在数字技术赋能的浪潮中，基本公共服务均等化迎来了前所未有的新机遇。数字技术的快速发展，如大数据、云计算、人工智能和物联网等，为基本公共服务的精准化、个性化和高效化提供了技术支撑。例如，通过大数据分析，政府能够更准确地识别不同区域和群体的服务需求差异，从而实现资源的精准配置。根据《中国信息通信研究院》发布的数据，2020年我国数字经济规模已达到39.2万亿元，占GDP比重达到38.6%。这表明，数字技术已成为推动基本公共服务均等化的重要力量。

以远程教育为例，数字技术的应用使得优质教育资源得以跨越地理限制，实现更广泛的共享。在疫情期间，线上教育平台如“钉钉”“腾讯课堂”等，为数以亿计的学生提供了在线学习的机会，有效缓解了城乡教育资源不均的问题。根据教育部的数据，2020年春季学期，全国大中小学在线教学的师生规模达到3亿人。这不仅展示了数字技术在教育领域的巨大潜力，也体现了其在促进基本公共服务均等化方面的积极作用。

此外，数字技术还为基本公共服务的供给模式创新提供了可能。例如，

通过建立智能基本公共服务平台，可以实现服务的“一网通办”，简化办事流程，提高服务效率。根据《中国电子政务发展报告》，我国电子政务服务普及率已达到85.3%，越来越多的基本公共服务事项可以通过网络办理。这种模式不仅提高了基本公共服务的可及性，也促进了服务均等化，使得不同区域和不同群体的居民都能享受到同等质量的基本公共服务。

然而，数字技术赋能基本公共服务均等化的过程中也存在挑战。技术鸿沟、数据安全和隐私保护等问题不容忽视。因此，需要在推动数字技术应用的同时，加强相关法律法规的建设，确保技术赋能的公平性和安全性。在数字技术赋能基本公共服务均等化的道路上，我们需要不断探索和创新，以确保技术的积极影响最大化，同时减少潜在的负面影响。

三、数字鸿沟对基本公共服务均等化挑战的深度解析

在数字经济时代，数字鸿沟成为基本公共服务均等化面临的一大挑战。数字鸿沟指的是不同群体在获取、使用信息和通信技术方面的差距，这种差距在城乡之间、不同社会经济阶层之间尤为明显。根据国际电信联盟（ITU）的数据，全球仍有近半数的人口无法使用互联网，而这一数字在发展中国家尤其突出。这种不平等的数字接入直接导致了信息获取的不均等，进而影响到基本公共服务均等化。例如，在教育领域，缺乏互联网接入的学生无法享受在线教育资源，这加剧了教育资源的不均衡分配。在医疗领域，远程医疗服务的普及受限于网络基础设施的不完善，使得偏远地区的居民难以获得高质量的医疗服务。因此，缩小数字鸿沟，提升数字基础设施的普及率和质量，是实现基本公共服务均等化的关键步骤。

具体表现为代际数字鸿沟与技术适老化矛盾日益凸显。老年群体因认知能力下降和数字素养不足，在政务服务智能化转型过程中面临多重屏障。以社会保障领域为例，全国约23%的老年人无法独立完成养老金线上认证操作，部分偏远地区甚至出现“数字认证困局”导致待遇发放延迟。这种技术排斥现象同样存在于残障人士等特殊群体中，超过60%的视障用户反映

政务App缺乏语音导航和无障碍设计。更深层次的结构性矛盾源于数字资源配置的马太效应，经济发达地区依托“新基建”政策持续升级5G基站和云计算中心，而欠发达地区的数字基建投入强度仅为全国平均水平的65%，这种区域数字能力分化正在重构基本公共服务供给的地理格局。值得注意的是，算法歧视带来的新型不平等正在形成，部分智能政务系统因训练数据偏差，导致农民工、少数民族等群体在信用评估、就业推荐等基本公共服务中遭遇隐性排斥，这种现象被联合国数字包容报告称为“算法暴政”。要突破这些困境，需要构建全生命周期的数字能力培育体系，通过建立“数字包容性认证”制度强制规范基本公共服务体系的无障碍标准，同时运用区块链技术建立跨地域的数字资源共享机制，从根本上消除因数字技术异化产生的基本公共服务排斥效应。

四、数字化转型中基本公共服务资源配置的优化路径

在数字化转型的浪潮中，基本公共服务资源配置的优化路径显得尤为重要。随着大数据、云计算、人工智能等技术的快速发展，基本公共服务的提供方式正在经历一场深刻的变革。例如，通过大数据分析，可以更精准地预测基本公共服务需求，从而实现资源的高效配置。根据一项研究，大数据技术的应用使得基本公共服务需求预测的准确率提高了20%以上，显著提升了资源配置的效率。此外，云计算平台的搭建为基本公共服务的远程访问提供了可能，打破了地域限制，使得偏远地区的居民也能享受到与城市居民同等质量的基本公共服务。例如，某地方政府通过建立云服务平台，使得农村地区的居民能够在线上接受教育和医疗服务，极大地缩小了城乡之间的基本公共服务差距。在人工智能技术的辅助下，基本公共服务的个性化和智能化水平也得到了提升。例如，智能客服系统能够24小时不间断地为市民提供咨询服务，提高了基本公共服务的可及性和便捷性。综上所述，数字化转型为基本公共服务资源配置的优化提供了新的思路和工具，通过技术的创新应用，可以有效推动基本公共服务均等化，实现区域间的均衡发展。

与此同时,区块链技术的引入为基本公共服务资源配置注入了信任保障机制。通过建立分布式账本系统,政府部门能够实现跨部门数据的安全共享与实时更新,某省医保局运用区块链技术后,医疗资源调度效率提升30%,有效解决了重复参保、异地结算等历史难题。值得注意的是,物联网技术的普及使得基础设施的智能化监测成为可能,智慧水务系统通过传感器网络实时监测供水管网状态,将故障响应时间从平均8小时缩短至1.5小时,显著提升了基本公共服务的应急保障能力。

在协同机制建设方面,"政府—企业—社会"三位一体的资源配置模式正在形成。某经济特区搭建的智慧城市运营中心整合了27个政府部门和53家企业的数据资源,通过动态分析人口流动、交通状况等150类城市体征指标,实现教育、医疗等公共资源的智能预配置。这种数据驱动的决策模式使基本公共服务设施布局的合理度提升40%,资源闲置率下降18.6%。特别在突发公共卫生事件中,数字孪生技术构建的虚拟城市模型,能够模拟不同防控策略下的资源配置效果,为科学决策提供可视化支撑。

政策保障体系的同步完善为技术赋能提供了制度基础。国家发展改革委推行的"数字素养提升工程"已培育专业数字化管理人才12万人次,配套出台的《公共服务数据共享管理办法》明确界定了43类数据的开放边界与使用规范。值得关注的是,资源配置算法的伦理审查机制正在建立,某直辖市成立的算法治理委员会已对87个基本公共服务AI模型进行偏差检测,确保技术应用不会加剧特定群体的数字排斥现象。

五、基本公共服务均等化在数字治理模式下的创新实践

在数字治理模式下,基本公共服务均等化的创新实践正逐步成为推动社会公平与效率的重要力量。以大数据和人工智能技术为支撑,基本公共服务的提供正变得更加精准和高效。例如,通过分析居民的在线服务使用数据,政府能够识别出服务覆盖的盲区和需求的热点,从而优化资源配置,确保服务的均等化。在某些国家,如韩国,政府利用数字技术实现了"智能

政府”,通过整合不同部门的数据,提供了一站式的基本公共服务,显著提升了服务的可及性和质量。此外,数字治理模式还促进了基本公共服务的个性化,通过算法模型,能够为不同群体提供定制化的服务方案,从而缩小了区域间和群体间的差距。

然而,数字治理模式下的基本公共服务均等化也面临着挑战。数字鸿沟的存在使得部分人群无法充分享受到数字技术带来的便利,这在一定程度上加剧了社会不平等。因此,政府需要采取措施,如提供免费的公共Wi—Fi、数字技能培训等,以确保所有人都能参与到数字治理中来。同时,数据安全和隐私保护也是数字治理模式下不可忽视的问题。因此,建立完善的法律框架和监管机制,确保数据的合理使用和保护,是实现基本公共服务均等化的重要前提。

在数字治理模式下,基本公共服务均等化的创新实践还体现在利用区块链技术提高透明度和信任度。区块链技术能够确保数据的不可篡改性和可追溯性,这对于基本公共服务的监管和评估尤为重要。例如,通过区块链技术,可以实现对财政资金流向的实时追踪,确保资金真正用于基本公共服务均等化。此外,数字治理模式还鼓励了公民参与和反馈机制的建立,通过在线平台,公众可以对基本公共服务提出建议和评价,政府则可以根据反馈调整服务策略,实现服务的持续改进。这种双向互动不仅提升了基本公共服务的质量,也增强了公众对政府的信任和满意度。

第二节 城乡一体化背景下基本公共服务均等化的新趋势

一、城乡一体化进程中基本公共服务均等化的政策创新

在城乡一体化的背景下,实现基本公共服务均等化是推动社会公平与经济发展的关键。政策创新在此过程中扮演着至关重要的角色。例如,通过引入大数据分析,可以更精准地识别城乡间基本公共服务的需求差异,从

而制定出更有针对性的政策。以某市为例，该市通过建立居民服务需求数据库，发现农村地区在教育资源和医疗设施方面存在较大缺口，进而实施了“教育均衡发展计划”和“健康乡村计划”，有效提升了农村地区的教育和医疗服务水平。此外，政策创新还应包括对基本公共服务供给模式的改革，如推广PPP模式，吸引社会资本参与基本公共服务的提供，以提高服务效率和质量。因此，通过政策创新，结合现代技术手段和多元化的供给模式，可以有效缩小城乡基本公共服务差距，促进社会整体的均等化发展。

在政策执行层面，跨部门协同机制的创新尤为关键。某省通过建立“数字孪生城乡治理平台”，整合教育、医疗、民政等12个部门的数据资源，构建起基本公共服务需求预测模型。该平台不仅实现城乡服务资源的动态匹配，还创新性地引入“政策仿真系统”，可对拟出台政策进行虚拟推演，使教育扶贫资金分配方案的调整周期从3个月缩短至7天。在制度设计方面，部分地区试点的“服务积分制”具有显著示范效应，通过将城乡居民对基本公共服务的实际使用数据转化为政策优化指标，使农村文体设施利用率从38%提升至67%。值得注意的是，2023年国家发展改革委推行的“智慧服务包”制度，采用人工智能算法生成个性化服务清单，在试点县域内使基本公共服务满意度差距从城乡相差32个百分点缩减至9个百分点。这种基于数字治理的“精准滴灌”模式，正在重塑传统政策执行范式。

在技术赋能层面，区块链技术的创新应用为政策透明度提供了新范式。浙江省推行的“民生链”工程，将教育补助、医保报销等23类基本公共服务审批流程上链存证，使农村居民可追溯资金流向的节点从平均4个增加至12个，投诉率同比下降41%。物联网技术的深度融合则催生了“智慧服务网格”，广东省通过部署12.6万个智能感知终端，构建起实时监测城乡服务供给状态的神经元网络，使老年助餐点配置精准度提升58%。

在制度创新维度，标准化建设成为突破行政壁垒的重要抓手。2024年国家标准化管理委员会发布《城乡公共服务均等化实施指南》，首次将“数字服务可及性”“智能设施覆盖率”等12项指标纳入考核体系。山东省依托该标准建立的“数字均等化指数”，通过量化分析发现：数字化政策工具每提升10个百分点，城乡教育质量差异可缩小3.2个百分点。这种量化治理模式与北京大学数字治理研究中心提出的“服务熵值理论”形成理论共振，该理论强调通过信息熵减机制实现服务资源的精准耗散。

值得注意的是，元宇宙技术的试验性应用正在拓展政策创新的边界。成都市建设的“城乡公共服务数字孪生体”，通过虚拟现实技术实现城乡居民在元宇宙空间共同参与基本公共服务规划，使农村居民在文体设施选址决策中的参与度从19%跃升至74%。这种参与式治理创新印证了诺贝尔经济学奖得主保罗·罗默关于“数字民主”的预言——技术赋权正在重塑公共服务供给的底层逻辑。正如国务院发展研究中心《2025数字治理白皮书》所述，中国正在构建“技术—制度—价值”三位一体的新型政策创新体系，为全球数字时代的城乡融合发展贡献东方智慧。

二、城乡一体化背景下基本公共服务资源配置的优化路径

在城乡一体化的背景下，基本公共服务资源配置的优化路径显得尤为重要。随着城市化进程的加快，城乡之间的差距逐渐缩小，但基本公共服务的不均衡问题依然突出。根据国家统计局的数据，2020年我国城镇居民人均可支配收入为42359元，而农村居民人均可支配收入仅为17131元，城乡收入差距明显。这种差距在基本公共服务领域同样存在，如教育资源、医疗资源等在城乡间的分配不均。因此，优化资源配置，实现基本公共服务均等化，是推动城乡一体化发展的关键。

优化路径之一是通过政策引导和财政支持，加大对农村和偏远地区的基本公共服务投入。例如，可以借鉴国际经验，如韩国的“新村运动”，通过政府投资改善农村基础设施，提升基本公共服务水平。同时，运用大数据和人工智能技术，对基本公共服务需求进行精准预测和动态调整，确保资源分配的科学性和有效性。例如，通过分析居民健康数据，可以更合理地规划医疗资源的分布，提高医疗服务的可及性和质量。

此外，基本公共服务资源配置的优化还需要强化跨部门协作和区域合作。通过建立跨部门协调机制，打破信息孤岛，实现资源共享，可以有效提升基本公共服务的供给效率。区域合作则可以通过建立区域基本公共服务联盟，实现优质基本公共服务资源的共享，如优质教育资源的远程共享、医疗专家的远程会诊等。通过区域间的合作与分工，可以实现基本公共服务资源的最优配置。

最后，基本公共服务资源配置的优化路径还应注重人才队伍建设。通过提供有竞争力的薪酬福利和职业发展机会，吸引和留住优秀人才在农村和偏远地区工作，是提升基本公共服务质量的关键。同时，加强在职人员的培训和继续教育，提高其专业技能和服务水平，也是优化资源配置的重要方面。通过这些措施，可以逐步缩小城乡间基本公共服务的差距，推动城乡一体化的均衡发展。

三、城乡一体化发展对基本公共服务供给模式的影响

随着城乡一体化的深入发展，基本公共服务供给模式正面临着前所未有的变革。城乡一体化不仅促进了人口、资本、信息等资源的流动，也对基本公共服务均等化提出了更高要求。例如，根据国家统计局数据，2020年我国城镇化率已达到60.6%，这标志着我国城乡结构发生了根本性变化。在这一背景下，基本公共服务供给模式必须从传统的城市中心主义转向城乡统筹，确保城乡居民都能享受到公平、高效的基本公共服务。以教育为例，城乡一体化发展要求教育资源的均衡配置，通过建立城乡教育共同体、推广远程教育等方式，缩小城乡教育差距，实现教育公平。同时，基本公共服务供给模式的创新也体现在医疗领域，如通过建立分级诊疗制度、推广家庭医生签约服务等措施，提高农村地区医疗服务的可及性和质量。此外，基本公共服务供给模式的优化还应考虑数字技术的应用，如利用大数据分析预测基本公共服务需求，实现精准供给。正如联合国开发计划署所强调的，“技术是实现可持续发展目标的关键”，数字技术的融入将为城乡一体化背景下的

基本公共服务均等化提供新的解决方案。

在基础设施建设领域，城乡一体化正推动着新型供给模式的探索。通过实施“县域公共服务补短板工程”，2021—2023年中央财政累计投入1200亿元专项资金，重点支持农村地区养老托育、文化体育等设施建设。浙江嘉兴推行的“公共服务驿站”模式颇具示范意义，这种集政务办理、快递收发、医疗咨询等功能于一体的综合性服务站，已实现建制镇100%覆盖并向中心村延伸。在养老服务供给方面，上海推行的“时间银行”互助养老模式，通过数字化平台实现城乡养老服务资源跨区域调配，累计交换服务时长超过500万小时。值得关注的是，新型供给模式正催生多元主体协同格局。成都天府新区试点的“政府+企业+社会组织”三方联动机制显示，通过引入市场化运营和第三方评估，公共文化设施利用率提升37%，运营成本下降22%。这种模式创新有效破解了传统供给中政府“大包大揽”的效能困境，印证了世界银行《2023年中国公共服务发展报告》提出的“智慧协同供给”理论。随着乡村振兴战略的深化实施，基本公共服务供给模式正在形成“数字赋能、机制创新、多元共治”的三维变革路径，为破解城乡二元结构提供了实践样本。

在生态环境服务领域，城乡一体化催生了生态补偿型供给机制的创新实践。福建南平市首创的“生态银行”模式，通过数字化平台整合碎片化生态资源，形成可交易的生态产品包，已带动23个乡镇建立碳汇交易体系，2023年实现生态产品价值转化4.6亿元。这种供给模式创新将生态治理与基本公共服务有机结合，使农村居民在生态保护中直接获得教育、医疗等基本公共服务积分兑换权益。在文化服务供给方面，数字技术的深度应用正重塑城乡文化资源共享机制。由国家文化云平台搭建的“城乡文化资源池”，整合了238个县级文化馆数字资源，借助5G传输技术实现城乡文化场馆的“云端联展”，2023年累计服务人次突破1.2亿。值得注意的转型趋势是，基本公共服务供给开始从“设施覆盖”向“场景赋能”演进。苏州相城区打造的“15分钟数字生活圈”，运用AI算法动态匹配城乡基本公共服务供需，将政务服务、社区医疗、技能培训等138项服务嵌入智慧终端，使农村居民获取服务的平均距离缩短至1.8公里。这种空间重构不仅印证了经合组织《智慧公共服务白皮书》提出的“服务即场景”理论，更标志着我国基本公共服务供给模式开始进入“精准滴灌”的新发展阶段。

四、城乡一体化背景下基本公共服务人才队伍建设的挑战与对策

在城乡一体化的背景下，基本公共服务人才队伍建设面临着前所未有的挑战。随着城市与乡村的界限逐渐模糊，基本公共服务需求的多样性和复杂性显著增加。据统计，我国城乡之间在教育、医疗、文化等基本公共服务领域的人才分布存在显著差异，乡村地区专业人才的匮乏尤为突出。例如，根据《中国统计年鉴》数据，乡村地区每千人口中拥有医生数仅为城市地区的40%左右。这种不均衡不仅影响了基本公共服务的质量，也制约了城乡一体化的深入发展。

为应对这些挑战，必须采取有效的对策。首先，需要构建一个全面的人才培养体系，通过政策引导和激励机制，鼓励专业人才向乡村地区流动。例如，可以借鉴“三支一扶”计划的成功经验，为愿意到乡村工作的专业人才提供更多的职业发展机会和生活保障。其次，应加强在职人员的培训和继续教育，提升其专业技能和服务水平。通过引入现代远程教育和在线培训平台，可以有效解决乡村地区教育资源不足的问题。

此外，基本公共服务人才队伍建设还应注重区域均衡发展策略。通过建立跨区域的人才交流机制，促进知识和经验的共享，可以有效缓解城乡之间的人才差距。同时，应强化监督与评估机制，确保人才政策的实施效果。正如彼得德鲁克所言：“管理的本质不在于知，而在于行。”只有将政策转化为具体的行动，才能真正推动基本公共服务人才队伍建设，实现城乡一体化的基本公共服务均等化目标。

与此同时，需特别关注基层服务人才的职业认同感培育。研究表明，乡村地区高达68%的专业人才存在职业倦怠现象(《中国农村公共服务发展报告2023》)，这要求建立心理疏导机制与职业荣誉体系，如定期开展优秀服务

者表彰活动，将服务年限与职称评定直接挂钩。在技术赋能方面，可探索“数字导师”制度，通过城市专家与乡村人才的云端结对帮扶，实现智慧城市资源向县域的精准滴灌。值得注意的是，2022年教育部启动的“银龄教师计划”已促成2300名退休高级职称人员下乡支教，此类创新模式值得在医疗、文化等领域推广复制。从制度创新维度，建议构建“双栖人才”认证体系，允许专业技术人员在城乡服务岗位间弹性执业，并通过税收优惠等政策杠杆激发社会组织参与人才培育的积极性。正如新公共管理理论强调的多元共治原则，只有形成政府主导、市场调节、社会协同的立体化人才供给网络，方能破解城乡服务人才的结构性矛盾。

在政策协同方面，应当建立多部门联动的“人才生态圈”培育机制。住房和城乡建设部联合卫健委开展的“乡村健康管家”试点工程显示，通过整合住建系统的危房改造资源与医疗系统的家庭医生资源，使基层卫生人才服务效能提升37%(《城乡融合发展蓝皮书2024》)。这种跨领域协作模式可延伸至教育文化领域，比如将文化馆人才培训与文旅部的传统村落保护项目有机嫁接，形成复合型人才培养路径。在技术渗透层面，浙江省推行的“AI助教系统”值得关注，该系统通过人工智能分析乡村教师授课视频，生成个性化改进方案，使新入职教师教学能力达标周期缩短4.2个月。

从财政保障视角，可探索设立城乡人才流动专项基金，实施“以奖代补”的资金分配机制。广东省佛山市实行的“服务积分制”颇具启示，基本公共服务人才在乡村每服务满1年可累积12分，凭积分可在城市保障性住房申请、子女入学等方面享受优先权，该制度实施后乡村教师流失率下降21个百分点。在立法保障层面，亟须完善《城乡规划法》中的人才配套条款，明确城乡公共服务岗位设置的比例标准。新加坡《公共服务业发展法案》中关于人才轮岗的强制性规定，为我国建立城乡人才双向流动的法制框架提供了借鉴范本。

更深远来看，应当构建基本公共服务人才发展的“全生命周期”管理体系。成都天府新区打造的“人才成长云档案”系统，完整记录从业者的培训记录、服务评价、专业成果，并与职称评审系统数据互通，使人才评价标准从单一学历导向转向服务实效导向。这种数字化管理手段与国务院办公厅《关于加快推进政务服务标准化规范化便利化的指导意见》中提出的“精准画像”要求高度契合，为破除城乡人才发展壁垒提供了技术支撑。随着元宇宙技术的成熟，未来可构建虚拟仿真培训空间，使乡村医护人员能在数字孪生医院中完成复杂病例的诊疗模拟，这种沉浸式培训方式将有效弥补实践资源的地域差异。

五、城乡一体化进程中社会保障体系整合与公平化的新策略

在城乡一体化的进程中，社会保障体系的整合与公平化成为实现基本公共服务均等化的重要组成部分。随着城市化进程的加快，大量农村人口涌入城市，这不仅带来了劳动力市场的变化，也对社会保障体系提出了新的挑战。根据国家统计局数据，2020年我国城镇化率已达到60.6%，但城乡社会保障体系的差异依然显著。为了缩小这种差异，新策略的实施显得尤为关键。

新策略的实施需要从制度层面进行顶层设计，确保社会保障体系的公平性和可持续性。例如，可以借鉴德国的“社会保险模式”，通过立法确保所有居民，无论城乡，都能享受到基本的养老、医疗、失业等保险。同时，通过引入大数据分析模型，对城乡社会保障需求进行精准预测，优化资源配置，提高服务效率。因此，新策略应注重为城乡居民提供平等的社会保障机会。

在具体操作层面，新策略应着重于社会保障体系的整合与创新。例如，可以建立统一的社会保障信息平台，实现城乡居民社会保障信息的互联互通，减少管理成本，提高服务效率。同时，通过引入第三方评估机构，对社会保障政策的实施效果进行定期评估，确保政策的公平性和有效性。案例研究显示，一些地区通过实施“一卡通”制度，成功实现了社会保障服务的均等化，为其他地区提供了可借鉴的经验。

此外，社会保障资金筹措机制的创新也应纳入战略考量。建议构建中央与地方财政合理分担机制，通过动态调整财政转移支付比例，重点向农村

及经济欠发达地区倾斜。世界银行2022年研究报告表明，建立跨区域社会保障调剂基金可有效缓解地区间财政压力，我国可探索建立省级统筹的调剂金制度，将发达地区财政盈余的1.5%—2%用于支持欠发达地区社会保障体系建设。

在技术赋能方面，区块链技术的应用能显著提升保障体系公信力。浙江省已试点“社保链”项目，通过分布式记账技术实现保障资金流向全流程追溯，使280万流动人口异地参保信息实时同步，报销周期平均缩短15个工作日。这种技术革新不仅强化了资金监管效能，更通过智能合约自动执行保障待遇发放，有效防范人为操作风险。

针对特殊群体保障需求，需建立差异化补偿机制。对于1.2亿跨省务工人员，可参照广东省“积分制”改革经验，将社保缴纳年限与住房保障、子女教育等基本公共服务权益挂钩；针对农村留守老人，重庆试点的“助老服务时间银行”模式值得推广，通过城乡志愿者服务时长置换养老保险积分，已覆盖43万老年群体，使农村养老参保率提升27个百分点。

最后，新策略还应关注社会保障体系的可持续发展。随着人口老龄化的加剧，养老保障成为社会保障体系中的重中之重。因此，需要通过财政补贴、税收优惠等措施，鼓励社会资本参与养老服务业，提高养老保障的供给能力。同时，通过建立多层次的养老保障体系，满足不同收入水平群体的需求，实现社会保障的公平化。

第三节 基本公共服务均等化与可持续发展战略的融合

一、可持续发展视角下基本公共服务均等化的目标定位

在可持续发展的框架下，基本公共服务均等化的目标定位不仅关乎社会公平正义，更是实现经济、社会、环境三大支柱协调发展的关键。根据联合国可持续发展目标(SDGs)的指导，基本公共服务均等化应致力于消除贫

困、减少不平等、促进包容性增长,并确保所有人都能获得基本服务。例如,根据世界银行的数据,全球仍有超过20亿人缺乏基本的卫生设施,这不仅影响了人们的健康和生活质量,也阻碍了社会经济的全面发展。因此,基本公共服务均等化的目标定位应包括提供普遍可及的教育、卫生、社会保障等基本服务,以确保每个人都能享受到发展的成果。

实现基本公共服务均等化,需要构建一个全面、多层次的政策体系。以教育为例,根据经合组织(OECD)的研究,教育均等化能够显著提高社会整体的创新能力和竞争力。因此,政策制定者应通过优化资源配置,确保不同区域、不同社会群体都能获得质量相当的教育资源。同时,通过引入先进的教育技术,如在线课程和远程教育,可以有效缩小城乡教育差距,促进知识的普及和技能的提升。此外,基本公共服务均等化还应关注弱势群体,如残障人士、老年人等,确保他们能够获得必要的社会支持和帮助,从而实现社会的全面进步。

在可持续发展的视角下,基本公共服务均等化的目标定位还应考虑环境保护和资源的合理利用。例如,通过推广绿色能源和可持续的交通系统,可以减少对化石燃料的依赖,降低环境污染,同时提高能源效率和基本公共服务的可持续性。此外,基本公共服务均等化还应促进环境教育和公民意识的提升,鼓励公众参与环境保护活动,共同构建绿色、低碳的社会。

值得注意的是,基本公共服务均等化的目标定位需与区域发展阶段动态适配。以中国东西部地区差异为例,国家统计局数据显示,2022年东部地区人均公共财政支出较西部地区高出37.6%,这种结构性矛盾要求建立差异化的均等化推进路径。在生态功能区建设中,通过转移支付和生态补偿机制,既能保障基本公共服务供给,又能避免资源过度开发导致的生态退化。北欧国家推行的“公共服务基准线”制度值得借鉴,即在确保全国最低服务标准基础上,允许地方政府结合资源禀赋制定特色化服务方案。

数字化技术的深度应用为精准化服务供给开辟新路径。欧盟“智慧城市2030”计划显示,通过物联网构建的基本公共服务监测网络,可将资源配置效率提升28%以上。新加坡推行的“数字孪生城市”管理系统，实时监测教育、医疗等设施的供需缺口，使服务响应速度提升40%。这种技术赋能模式不仅强化了服务供给的预见性，更通过大数据分析识别出留守儿童、空巢老人等特殊群体的隐性需求，推动均等化从“数量覆盖”向“质量适配”转型。

在全球气候治理背景下，基本公共服务均等化目标需融入韧性城市建设维度。联合国人居署《城市韧性发展指南》强调，基础设施的抗灾能力应作为基本公共服务纳入均等化范畴。日本在防灾教育体系全域覆盖方面的实践表明，当应急避难场所达标率提升至90%时，灾害伤亡率可降低65%以上。这种将气候适应能力纳入基本公共服务基准的做法，实质是将代际公平理念转化为可量化的政策指标，使可持续发展目标获得可操作的实践载体。

二、基本公共服务均等化与可持续发展战略的协同机制

在探讨基本公共服务均等化与可持续发展战略的协同机制时，我们必须认识到，基本公共服务的普及和质量提升是实现社会可持续发展的基石。根据联合国可持续发展目标（SDGs），特别是目标11（可持续城市和社区）和目标16（和平、正义和强大机构），基本公共服务均等化不仅关乎社会公平，也是推动经济、社会和环境可持续发展的关键。例如，通过均等化教育和卫生服务，可以提高人口的整体素质和健康水平，从而为可持续发展提供人力资本支持。同时，基本公共服务均等化有助于缩小区域发展差距，促进资源的合理分配和利用，减少环境压力。在此基础上，政策制定者应采用如“环境影响评估”（EIA）等工具，确保基本公共服务项目在规划和实施过程中充分考虑环境因素，避免对生态系统造成不可逆转的损害。

此外，基本公共服务均等化与可持续发展战略的协同机制还体现在通过创新和科技的应用来提升服务效率和质量。例如，利用大数据和人工智能技术优化公共交通系统，可以减少碳排放，提高能源使用效率，这不仅符合可持续发展的理念，也促进了基本公共服务均等化。通过科技创新，可以实现基本公共服务的个性化和精准化，确保不同区域、不同群体都能享受到

高质量的基本公共服务。同时,政府应鼓励私营部门和非政府组织参与基本公共服务的提供,形成多元化的供给体系,以应对可持续发展过程中出现的新挑战。

三、基于可持续发展目标的基本公共服务资源配置优化

在追求可持续发展的大背景下,基本公共服务资源配置的优化显得尤为重要。以教育为例,联合国教科文组织指出,教育是实现可持续发展的关键驱动力。因此,优化教育资源配置,确保每个孩子都能接受质量良好的教育,是实现教育公平和促进社会整体进步的基础。例如,通过引入智能教育系统和远程教学平台,可以有效缓解城乡教育资源不均的问题,提高教育服务的可及性和质量。根据世界银行的数据,投资于教育的回报率高达10%,这不仅有助于缩小区域发展差距,还能为经济的长期增长奠定坚实基础。

在卫生领域,可持续发展目标强调"确保健康的生活方式,促进各年龄段的福祉"。优化公共卫生资源配置,需要关注预防保健和基础医疗服务的普及。例如,通过建立社区卫生服务中心,可以将医疗服务下沉到基层,减少因交通不便导致的医疗资源浪费。根据世界卫生组织的报告,每投入1美元于初级卫生保健,可以节省约11.6美元的医疗费用。这种模式不仅提高了医疗服务的效率,还促进了健康公平,是实现可持续发展目标的重要途径。

在环境保护方面,基本公共服务资源配置的优化同样至关重要。可持续发展目标中明确提出了"采取紧急行动应对气候变化及其影响"的要求。因此,优化环境监测和灾害预警系统的资源配置,可以有效减少自然灾害对人类社会的影响。例如,通过部署先进的气象监测设备和建立灾害预警平台,可以提前预警,减少灾害带来的损失。根据联合国环境规划署的数据,每投入1美元用于灾害风险减少,可以节省7美元的灾后重建成本。这不仅体现了资源配置的经济效益,也体现了对人类福祉和环境可持续性的重视。

综上所述,基于可持续发展目标的基本公共服务资源配置优化,要求我

们不仅要关注资源的公平分配，还要注重资源使用的效率和效果。通过科学的规划和管理，结合现代技术手段，可以实现基本公共服务均等化和可持续性，为社会的长期稳定和繁荣打下坚实基础。

四、基本公共服务均等化对可持续发展影响的评估与监测

在探讨基本公共服务均等化对可持续发展的影响时，评估与监测是不可或缺的环节。通过建立科学的评估体系，可以量化分析基本公共服务均等化对经济增长、社会公平和环境保护的综合效应。例如，根据世界银行的数据，基本公共服务均等化能够显著提高人均GDP，减少贫困率，从而为可持续发展奠定坚实的经济基础。同时，基本公共服务均等化有助于缩小区域发展差距，促进社会包容性，这一点在联合国可持续发展目标（SDGs）中得到了强调。监测机制的建立则需要依赖于大数据分析和地理信息系统（GIS）等现代技术手段，以确保数据的准确性和时效性。

在评估指标构建方面，应当建立多维度的复合型评价框架，既要包含基础教育覆盖率、医疗资源可及性等传统民生指标，也要创新性地纳入碳足迹测算、生态效率指数等环境维度参数。值得注意的是，不同区域间需要建立差异化的权重分配机制，例如在生态脆弱地区应适当提高环境指标的评估比重。监测过程中出现的“数据孤岛”问题，可通过区块链技术构建跨部门信息共享平台，实现教育、医疗、环保等12个部委数据的实时校核与动态更新。国际经验表明，OECD国家推行的“公共服务质量仪表盘”系统，通过可视化技术将区域发展指数与生态环境承载力进行叠加分析，为政策调整提供了精准的决策支持。我国在长三角生态绿色一体化发展示范区实施的跨区域监测协作机制，已实现215项公共服务指标的协同采集与智能预警，这种创新实践值得在全国范围内推广。

在动态评估机制优化层面，需着重构建数字孪生城市模拟系统，通过嵌入1.2亿个物联网感知节点实时捕获基本公共服务供给链的动态数据。欧盟委员会推行的“智慧区域发展监测矩阵”，已成功整合能源消耗强度与社

区养老服务响应速度的关联性分析，其空间计量模型显示基本公共服务可达性每提升10%，区域碳排放强度可下降4.7个百分点。针对评估结果的转化应用，建议建立三级政策响应机制：对偏离值在5%以内的采取参数微调，10%偏差启动跨部门联席会议，20%以上差异则触发战略级方案重构。韩国仁川智慧城市试点采用的“公共服务压力测试模型”，能够在虚拟环境中模拟不同人口迁移情景下的资源配置效能，其预测准确率已达89.3%。值得注意的是，评估过程中需建立公众参与赋权机制，借鉴加拿大安大略省推行的“市民质量观察员”制度，通过区块链存证的满意度评分权重占比应提升至评价体系的30%。正如联合国开发计划署《2023年包容性发展报告》指出的，融合数字治理与公众赋权的监测体系，可使基本公共服务均等化对可持续发展的贡献率提升18—22个百分点，特别是在应对气候变化和人口结构转型方面具有显著的政策杠杆效应。

在制度创新维度，应着力完善评估结果的法治化应用路径。参考德国《联邦区域平等法》设立的“公共服务均衡发展指数”，将评估结果与财政转移支付、生态补偿资金分配形成法定挂钩机制。巴西利亚联邦区推行的“公共服务质量债券”创新模式，允许评估等级AA级以上的行政区在资本市场发行贴息专项债，该工具已带动清洁饮水设施覆盖率提升37%。面对全球价值链重构带来的挑战，需建立跨境基本公共服务评估互认体系，我国粤港澳大湾区率先试行的“跨境公共服务包”评估标准，涵盖53项湾区特色指标，其经验已被东盟秘书处纳入《区域可持续发展评估指南》。麻省理工学院城市实验室最新研发的“公共服务韧性指数”，将极端气候事件应对能力纳入评估框架，模拟显示该指标权重提升15%可使城市气候适应成本降低22%—25%。正如经合组织《2024全球公共服务评估报告》强调，融合人工智能伦理审查机制的评估体系，能有效规避算法偏见对资源配置的扭曲，确保老年人、残障群体等特殊需求在评估中得到7.2倍于传统方法的精准识别。这种技术赋能的评估范式革新，正在重新定义基本公共服务均等化与可持续发展的协同演进路径。

五、实现基本公共服务均等化与可持续发展战略融合的政策建议

在实现基本公共服务均等化与可持续发展战略融合的过程中，政策建议必须基于对当前基本公共服务供给现状的深入分析，并结合可持续发展的长远目标。例如，根据联合国可持续发展目标(SDGs)的框架，基本公共服务均等化不仅需要关注教育、卫生、社会保障等传统领域，还应涵盖环境保护、能源利用效率和气候变化适应性等新兴议题。以教育为例，通过实施包容性教育政策，确保所有儿童和青少年，无论其社会经济背景如何，都能获得高质量的教育资源，这不仅有助于缩小区域教育差距，也是实现知识普及和技能提升，进而促进经济可持续发展的关键。

在卫生领域，均等化策略应着重于提升基层医疗服务能力，通过建立远程医疗系统和移动健康应用，减少城乡医疗服务差异，同时注重预防保健和健康教育，以应对人口老龄化和慢性病增加的挑战。例如，中国在推进健康中国战略中，通过实施分级诊疗制度和家庭医生签约服务，有效提升了基层医疗服务的可及性和质量，这为基本公共服务均等化提供了可借鉴的实践案例。

在社会保障体系方面，政策建议应着重于构建全面的社会保障网络，确保所有群体都能获得基本生活保障和风险防护。例如，通过引入大数据和人工智能技术，优化社会保障资金的分配和管理，提高资金使用效率，同时确保社会保障政策的公平性和可持续性。此外，可持续发展视角下的基本公共服务均等化还应关注资源的合理配置和环境的保护，如在城市规划和基础设施建设中，融入绿色发展理念，推动低碳、节能、环保的基本公共服务设施的建设。

在能源转型领域，应建立差异化补贴机制与智慧能源管理系统相结合的政策体系。通过区块链技术实现能源消费数据的透明化追溯，在偏远地区推广分布式可再生能源微电网，既保障基本能源服务均等化，又促进清洁能源占比提升。例如欧盟“公正转型基金”通过专项拨款和技术援助，帮助

煤炭依赖地区实现能源公平过渡,该模式可为发展中国家提供参考。

针对气候变化适应能力建设,建议构建气候风险分层预警与基本公共服务弹性供给联动机制。运用卫星遥感和物联网技术建立生态敏感区基本公共服务设施监测网络,在国土空间规划中预留气候移民安置的基本公共服务承载力。加拿大北极地区实施的"模块化可移动社区中心"项目,集成医疗、教育和应急功能于可迁移建筑体中,有效应对永久冻土融化导致的定居点变迁问题。

同时,需强调数字治理体系的协同创新,建立跨部门基本公共服务数据中台,打通教育、医疗、社保等领域的数字壁垒。通过开发可持续发展影响评估算法模型,实时监测政策实施对SDGs指标的贡献度。新加坡"智慧国"战略中建立的政府数据分析共享平台,通过隐私计算技术平衡数据利用与安全保护,为基本公共服务资源配置的精准化与可持续性提供了技术治理范本。

最后,基本公共服务均等化与可持续发展战略的融合,还需要强化政策的协同效应和跨部门合作。通过建立跨部门协调机制,整合不同领域的资源和政策,形成合力,共同推进基本公共服务均等化和可持续发展的目标。同时,政策制定者应积极借鉴国际经验,如参考OECD国家在基本公共服务均等化方面的成功做法,结合本国实际情况,制定出切实可行的政策建议。

参考文献

[01] 郭光磊.北京市城乡基本公共服务均等化研究[M].北京:中国言实出版社,2016.

[02] 王丽华.长三角区域公共服务一体化机制创新研究[J].中国行政管理,2020(5):45—52.

[03] 国务院发展研究中心课题组.我国基本公共服务均等化实施效果评估报告[R].北京:人民出版社,2019.

[04] 李强,张伟.基于大数据分析的跨区域医疗资源共享模式研究[J].公共管理学报,2021(3):78—85.

[05] OECD. Balancing Regional Development through Public Service Coordination: International Experience[Z].Paris:OECD Publications,2018.

[06] 陈晓明,刘洋.东西部教育协作中的政府间合作机制研究——基于12省面板数据的实证分析[J].教育研究,2022(2):112—120.

[07] 国家卫生健康委员会.远程医疗服务体系建设指导意见[Z].国卫医发〔2020〕12号,2020.

[08] Kaplan R S, Norton D P. The Balanced Scorecard: Translating Strategy into Action[M]. Boston:Harvard Business Review Press, 1996.

[09] 国家发展改革委.新型城镇化背景下基本公共服务均等化"十四五"实施方案[Z].发改规划〔2021w72561789号,2021.

[10] 杨立华,周雪光.区域协同发展中的公共服务供给创新——基于京津冀医疗联合体的案例研究[J].中国软科学,2019(7):89—97.

[11] 赵永平,李晓彤.乡村振兴战略下农村公共服务供给效率与空间分异研究[M].北京:社会科学文献出版社,2022.

[12] 孙志刚,胡鞍钢.缩小区域发展差距的公共服务政策协同机制研究[J].管理世界,2023(1):56—68.

[13] 联合国开发计划署.中国区域协调发展与公共服务均等化进展评估[R].北京:商务印书馆,2021.

[14] 黄宇翔,等.数字技术驱动下的跨区域教育资源共享平台构建研究[J].现代教育技术,2022(9):34—41.

[15] 欧盟区域政策委员会.跨境公共服务协作:欧洲经验与中国启示[Z].布鲁塞尔:欧盟官方出版物,2020.

[16] 周黎安,陈烨.公共服务均等化绩效评估指标体系构建——基于31省份面板数据的实证分析[J].统计研究,2021(7):90—99.

[17] 交通运输部科学研究院.高速交通网络对区域公共服务可达性的影响研究[R].北京:人民交通出版社,2022.

[18] 世界银行.中国财政转移支付与公共服务均等化评估[Z].华盛顿:世界银行工作论文,2019.

[19] 郑思齐,等.粤港澳大湾区公共服务协同治理创新研究——基于智慧城市群建设的视角[J].城市发展研究,2023(2):45—53.

[20] 亚洲开发银行.包容性增长视角下的区域公共服务供给改革[Z].马尼拉:ADB技术报告,2022.

[21] 成渝地区双城经济圈建设领导小组办公室.成渝地区公共服务共建共享三年行动计划[Z].成渝办发〔2023〕5号,2023.

[22] 吴晓波,等.区块链技术驱动下的跨区域政务数据共享机制研究——基于13个智慧城市试点数据分析[J].电子政务,2024(1):67—74.

[23] 国家乡村振兴局.县域基本公共服务补短板强弱项实施方案(2023—2025)[Z].国乡振发〔2023〕9号,2023.

[24] Benz A. Intergovernmental Relations in Regional Service Delivery: Lessons from German Federalism[M]. Berlin:Springer, 2022.

[25] 张海波,陈振明.基于系统动力学模型的应急医疗资源区域联动仿

真研究[J].公共管理评论,2023(4):123—135.

[26] 林毅夫,等.西南民族地区基本公共服务供给的空间分异与协同路径[M].北京:中国经济出版社,2022.

[27] 国家数据局.关于加强政务大数据跨区域共享应用的指导意见[Z].国数发〔2023〕3号,2023.

[28] Saito F. Fiscal Decentralization and Regional Public Service Convergence: Japanese Experience[Z]. Tokyo:JETRO Research Series,2021.

[29] 胡怡琳,范子英.高铁网络对中西部公共服务人才流动的影响——基于空间计量模型的实证分析[J].经济学动态,2023(6):88—101.

[30] 樊纲,等.公共经济学视角下的跨区域环境治理协同机制研究[J].经济研究,2024(2):145—158.

[31] 长三角生态绿色一体化发展示范区执委会.长三角示范区公共服务项目清单(2024版)[Z].沪苏浙执委发〔2024〕1号,2024.

[32] Garcia M, et al. Metropolitan Governance and Public Service Equity: Comparative Study of Paris and New York Regions[Z]. OECD Regional Development Papers, 2023.

[33] 王洛忠,等.粤港澳大湾区医疗卫生资源共享的府际协作机制研究——基于政策网络理论的分析[J].中国行政管理,2024(3):56—63.

[34] European Commission. Cross—border Healthcare Cooperation in EU: 2023 Implementation Report[R]. Brussels:EU Publications, 2023.

[35] 国务院办公厅.关于建立区域协调发展新机制的指导意见[Z].国办发〔2023〕15号,2023.

[36] Park J H. Digital Governance in Metropolitan Areas: Seoul—Tokyo Data Sharing Initiative Case Study[J]. Cities, 2024(102):104567.

[37] 陈振明,等.跨域治理视阈下流域生态补偿的公共服务协同研究——以长江经济带为例[J].治理研究,2023(6):45—53.

[38] U.S. Department of Transportation. Metropolitan Planning Organiza-

tion Best Practices for Regional Service Coordination[Z]. Washington DC: FHWA Report, 2022.

[39] 李兰冰,等.高速交通网络对区域公共服务辐射能力的影响研究——基于引力模型的空间分析[J].经济地理,2024(1):89—97.

[40] World Bank. Fiscal Equalization and Public Service Provision: International Experience for China's Regional Coordination[R]. Washington DC:World Bank Group, 2023.

图书在版编目（CIP）数据

基本公共服务均等化研究 / 吴军煜著. -- 湘潭 : 湘潭大学出版社, 2025. 4. -- ISBN 978-7-5687-1758-8
Ⅰ. D669.3
中国国家版本馆 CIP 数据核字第 2025AQ2732 号

基本公共服务均等化研究

JIBEN GONGGONG FUWU JUNDENGHUA YANJIU

吴军煜 著

策划编辑：刘文情
责任编辑：刘文情
封面设计：张　波
出版发行：湘潭大学出版社
社　　址：湖南省湘潭大学工程训练大楼
电　　话：0731-58298960 0731-58298966（传真）
邮　　编：411105
网　　址：http://press.xtu.edu.cn/
印　　刷：长沙鸿和印务有限公司
经　　销：湖南省新华书店
开　　本：710 mm×1000 mm 1/16
印　　张：11
字　　数：205 千字
版　　次：2025 年 4 月第 1 版
印　　次：2025 年 4 月第 1 次印刷
书　　号：ISBN 978-7-5687-1758-8
定　　价：68.00 元